旅行の
トラブル相談

基礎知識から
具体的解決策まで

兵庫県弁護士会消費者保護委員会
[編]

TRAVEL

『Q&A 旅行トラブル110番』改題

発行 民事法研究会

はしがき

　当会消費者保護委員会は、かねてより旅行トラブルに強い関心を寄せ、平成21年に『Ｑ＆Ａ旅行トラブル110番』を発行しました。旅行契約に関する法律問題を消費者保護の立場で集中的に取り扱う書籍は極めて珍しく、当会としてもその取組みの先駆性に自負の念を抱いてきたところです。

　しかし、初版の発行から７年が経過しました。

　この間のインターネット社会化の進展はすさまじく、旅行にまつわる諸手続も、その多くがインターネットを通じて行われるようになり、より短時間で、より簡便な手続によって、旅行契約が締結される傾向はますます強くなっており、旅行トラブルの増加に拍車をかけています。

　一方、観光庁は「標準旅行業約款の見直しに関する検討会」を設置して検討を重ね、平成25年12月に見直し内容の方針を示し、消費者庁等との調整を経て、平成26年４月には標準旅行業約款が一部改正されました。

　こうした動きの中、当会消費者保護委員会では、標準旅行業約款の見直し作業に対し、消費者保護の立場に立って理論武装し適切な意見表明をするために旅行部会を立ち上げました。旅行部会では、前述の検討会における議論状況や課題を検討し、あわせて、本書の改訂作業を進めてきました。

　この７年間において、旅行契約を取り巻く環境は大きく変わっています。本書では、この間に生じた新しい問題、改正標準旅行業約款、行政規制、そして、消費者が勝ち取ってきた新判例などを反映し、また、設題の整理・統合をするなどして、より読みやすく工夫を凝らしました。

　本書が、旅行契約のトラブルの防止のために、また、旅行者と旅行事業者のギャップを埋めるものとなって、旅行者が安全・安心な旅行を楽しむために、役に立つことを切望いたします。

　最後になりましたが、富山大学経済学部経営法学科の森嶋秀紀准教授、一般社団法人日本旅行業協会、一般社団法人全国旅行業協会、民事法研究会の

鈴木真介氏など関係者の皆様には貴重なご助言をいただきました。心より感謝申し上げます。

　平成28年4月

兵庫県弁護士会会長　米田　耕士

『旅行のトラブル相談 Q&A』
目　次

第1章　旅行契約を支える制度

- Q1　旅行をめぐるトラブルの実情 …………………………………… 2
- Q2　旅行トラブルの解決に利用できる法律 ………………………… 7
- Q3　旅行業法の内容 …………………………………………………… 10
  - 《コラム①》旅行業法の沿革
- Q4　標準旅行業約款とは ……………………………………………… 15
- Q5　無認可約款の効力 ………………………………………………… 18
  - 《コラム②》個別の特約
- Q6　旅行契約の種類──企画旅行と手配旅行 ……………………… 23
- Q7　特別補償責任の有無──企画旅行か手配旅行か ……………… 28
- Q8　旅行業者の義務と責任 …………………………………………… 32
- Q9　旅行業者の種類と業務の内容 …………………………………… 35
- Q10　旅行業協会とは …………………………………………………… 40
- Q11　旅行業者の倒産と営業保証金制度 ……………………………… 44
- Q12　行政処分、刑事罰 ………………………………………………… 50
- Q13　トラブルが起きた場合の対応策 ………………………………… 52

第2章　旅行契約の成立をめぐる相談

- Q14　旅行契約の成立時期とキャンセル料 …………………………… 58
- Q15　キャンセル料の発生時期と金額 ………………………………… 63
- Q16　旅行業者の定休日に契約をキャンセルできるか ……………… 69
- Q17　団体手配旅行の取消手続の料金 ………………………………… 73

目次

- Q18 ウェイティング（キャンセル待ち）をする場合の注意点 ……… 78
- Q19 最少催行人員 ………………………………………………… 82
- Q20 旅行契約を結ぶ際の注意点 ………………………………… 85
- Q21 旅行業者との間のインターネット取引 …………………… 90
- Q22 インターネットによる旅行契約サイトの種類と利用上の注意点 …… 95
  - 《コラム③》 e -TBT マーク
- Q23 インターネット利用時の誤操作 …………………………… 101
- Q24 旅行の内容がパンフレットの記載内容と違うことは許されるのか …104
- Q25 債務不履行と不実告知 ……………………………………… 110
- Q26 契約書面、確定書面、取引条件説明書 …………………… 113

第3章　企画旅行契約上の旅程管理債務・旅程保証をめぐる相談

- Q27 旅行業者の手配債務 ………………………………………… 120
  - 《コラム④》 トーマス・クック
- Q28 旅行業者による旅行内容の変更 …………………………… 128
- Q29 火山噴火発生の場合の解約とキャンセル料の支払い …… 137
- Q30 旅行内容が変更された場合、旅行代金を安くしてもらえるか … 142
- Q31 サッカーの観戦ツアーなのに試合を見られなかったトラブル … 145
- Q32 フリープランにおける旅程管理債務の免除 ……………… 151
- Q33 3人のパック旅行でホテルのベッドが2つしかなかった ……… 154

第4章　安全確保義務、特別補償、海外旅行、傷害保険をめぐる相談

- Q34 旅行中に事故にあった場合、旅行業者にどのような責任を問えるか ……………………………………………………… 160

Q35	旅行業者の第一次的責任と企画旅行契約の性質 ……………… 165
	《コラム⑤》旅行者が旅行業者に対して特別の配慮を求めることができる範囲
Q36	オプショナルツアー中の事故の場合、旅行業者の責任を問えるか ……………………………………………… 172
Q37	パック旅行中に事故にあった場合の補償――特別補償制度 …… 178
	《コラム⑥》添乗員の残業代
Q38	飛行機に乗るときに預けた荷物が紛失してしまった――ロストバゲッジ ……………………………… 186
Q39	海外旅行傷害保険の概要 …………………………………… 194
Q40	海外旅行傷害保険に加入する必要性 ……………………… 200
Q41	クレジットカードに付帯している海外旅行傷害保険 ………… 203
Q42	保険加入時の告知義務――持病等の告知と保険金受取り ……… 207
Q43	保険金を請求する手続 ……………………………………… 211
Q44	健康保険からの医療費の還付――海外療養費支給制度 ………… 214

第5章　その他の相談

Q45	海外旅行とクレジットカードトラブル ……………………… 218
Q46	利用人員が変更になった場合の旅行代金の追加請求 …………… 224
	《コラム⑦》旅行積立の法的性質
Q47	旅行業者にパスポートの内容を調査する責任はあるか ………… 231
Q48	パック旅行中のショッピングをキャンセルした場合に追加料金の支払義務が発生するか ………………………… 236

・事項索引………………………………………………………… 239
・執筆者一覧……………………………………………………… 241

凡例

《凡例》
[法令等]
施行令	旅行業法施行令
施行規則	旅行業法施行規則
旅行契約規則	旅行業者等が旅行者と締結する契約等に関する規則
ADR法	裁判外紛争解決手続の利用の促進に関する法律
観光圏整備法	観光圏の整備による観光旅客の来訪及び滞在の促進に関する法律
景品表示法	不当景品類及び不当表示防止法
電子消費者契約法	電子消費者契約及び電子承諾通知に関する民法の特例に関する法律
特定商取引法	特定商取引に関する法律
募集型約款	標準旅行業約款　募集型企画旅行契約の部
受注型約款	標準旅行業約款　受注型企画旅行契約の部
手配約款	標準旅行業約款　手配旅行契約の部

[判例集等]
民集	最高裁判所民事判例集
判時	判例時報
判タ	判例タイムズ
交民集	交通事故民事裁判例集

[その他]
国民生活センター	独立行政法人国民生活センター
全国旅行業協会	一般社団法人全国旅行業協会
日本旅行業協会	一般社団法人日本旅行業協会

第1章

旅行契約を支える制度

第1章　旅行契約を支える制度

Q1　旅行をめぐるトラブルの実情

> 私は先日、海外旅行に行ったのですが、現地での実際が旅行会社のパンフレットの説明とかなり違っていて不満でした。友人の中にも、旅行に関するトラブルを経験したことがある人が少なくありません。旅行トラブルの実情はどのようなものですか。

▶▶▶ Point

・旅行に関するトラブルとしては、キャンセル料をめぐるもの、旅行内容の変更に関するものなどが多くみられます。最近では、インターネット契約のトラブルが増えている傾向にあります。

1　さまざまな旅行スタイル

　旅行をするためには、個人で直接、必要な情報を収集して、航空会社や鉄道会社からチケットを買い、ホテル等に予約を入れて手配することが可能です。最近は、インターネット通信の発達やペックス（PEX）と呼ばれる正規割引航空運賃の設定等により、予約も簡単で、場合によっては安価であるので、国内のみならず、海外の航空会社やホテルにも、個人で直接連絡をとり、旅行業者を介在させずに旅行をする人も増えているようです。

　しかし、現在でも、旅行に関するさまざまな情報に詳しい旅行のプロである旅行業者が、あらかじめ、目的地や日程・代金などの旅行内容を設定し、1つのパッケージ商品として参加者を募集しているパック旅行（募集型企画旅行、Q6参照）を、多くの旅行者が利用しています。交通機関や宿泊先を自分で調べて予約するという手間を省くことができ、手軽で便利、しかも比

較的安価であることに加え、プロが企画しているという安心感があるためでしょう。個人では予約が取りにくいところを利用できたり、トラブルが起きたときに旅行業者に対応してもらえるといったメリットもあげられます。

　旅行業者を利用する場合としては、他に、社内旅行など旅行者の注文で旅行内容を決める場合（受注型企画旅行）や、個別に交通機関やホテルを指定して旅行業者に手配してもらう場合（手配旅行）もあります（Q6参照）。

2　苦情の多いパック旅行

　旅行業者を頼らず、個人で交通機関や宿泊先を手配した場合、思っていた条件と違ったり、思いがけないキャンセル料がかかったりというトラブルに見舞われても、旅行者は、トラブルの相手方の交通機関や宿泊先と直接交渉せざるを得ません。特に相手方が海外の会社等であると、その交渉が困難な場合が多いのですが、そのこと自体は、海外の交通機関や宿泊先と直接契約した以上、やむを得ないことですし、旅行者としても、直接相手方に苦情を伝えて、できる限りの対応を受けることしか仕方ないと受容する場合が多いでしょう。

　しかし、旅行業者を利用する場合、旅行者は、信頼できる業者だと信じ、企画された旅程については旅行業者が万全の手配をしてくれ、トラブルの際にも的確に対応してもらえるものと期待していますので、この期待を裏切られた場合には、旅行者と旅行業者の間でトラブルが発生しやすいようです。旅行者の多様化するニーズに応えようと、旅行業者によって多種多様なパック旅行が開発され、旅行者の期待もさまざまであるだけになおさらです。従前から、旅行者からの苦情の大半は、このパック旅行に集中しています。

3　苦情・相談の傾向

　実際に、消費生活センターや旅行業協会（Q10参照）に寄せられる苦情・相談の内容としては、パック旅行における①取消料（キャンセル料）に関するもの（解約をめぐるトラブル）、②旅行の内容に関するもの（条件変更や手配不十分など）が特に多いようですが、最近の傾向として、インターネットを利用した契約に伴うトラブルが増えているほか、海外留学などに関するトラブルが目につくようです。

　旅行に関する苦情の件数としては、明確な統計はありませんが、参考になる数値として、2014年度に日本旅行業協会（JATA）が受け付けた消費者からの相談件数は2034件、全国旅行業協会（ANTA）では156件ということです（各協会発表）。もちろん、その他の相談機関として、各地の消費生活センターや、その他の旅行業協会本部・支部などもありますし、消費者と旅行業者の直接の話し合いによって解決されているケースも多いでしょうから、全体としては、相当な件数のトラブルが生じていると考えられます。

　ただ、比較的少額の争いとなることが多いためか、裁判で争われるケースは、それほど多くはないようです。

4　トラブルの内容

　トラブルの内容の具体例としては、次のようなものがあげられます。
　①　キャンセル料に関するトラブル
　　ⓐ　パック旅行を電話で予約しただけで申込金を払っていないのに、「取り消したい」と言ったら、旅行業者からキャンセル料を請求された。
　　ⓑ　パック旅行の目的地でクーデターが起き、外務省が不要・不急の渡航を差し控えるよう呼びかけているにもかかわらず、旅行業者から、「旅行をやめるならキャンセル料が必要」と言われた。

② 旅行内容の変更に関するトラブル

　パンフレットには「関西国際空港発9:00〜12:00」と記載されていたが、入金後に、「やむを得ず成田空港発に変更するので、集合時間が伊丹空港午前7:00になる」との連絡が届いた。

③ 旅行内容の手配不十分（債務不履行）に関するトラブル
　ⓐ　旅行業者のパンフレットには「海の見える部屋」と書かれていたが、実際には部屋から海が見えなかった。
　ⓑ　海外旅行で、車の送迎サービスがあると旅程表に書かれており、旅行業者からは、「当日、現地でクーポン券を渡す」と言われたのに、現地係員は何も連絡を受けておらず、自費で対応することになった。

④ インターネットでの契約に関するトラブル
　ⓐ　インターネットで旅行業者のホームページを見て格安航空券の申込みをし、代金を全額支払ったが、その後ホームページが閉鎖され、航空券も送られてこず、旅行業者と何の連絡もとれなくなった。
　ⓑ　旅行予約サイトを見て、航空券とホテルを予約し代金を支払ったが、体調不良のため出発日の変更をしたいとコールセンターに電話したところ、「日程変更はできない。航空券の変更にはキャンセル料が必要である」と言われ、そのとき初めて外国の予約サイトであったことがわかった。

5　トラブルの原因——オーバーブッキングなど

　意外なことに、旅行業者側に、旅行業約款を十分に理解していないなど業務知識の不足があり、それがトラブルの原因となることもしばしばあるようです。旅行業者側の見込み違いや手配ミスによる債務不履行、その後の対応の悪さから生じるトラブルもみられます。もっとも、旅行者側の思い違いや思い込みに起因するトラブルがあることも否定できません。

　また、特に海外旅行の場合は、社会体制をはじめ、文化や習慣が国内とは

大きく異なっていることがトラブルの背景となっていることもあります。旅行業者は、交通機関の運送サービスや宿泊機関の宿泊サービスを直接コントロールできるわけではないことから、オーバーブッキングなどによるトラブルも避けられません。

　オーバーブッキングとは、航空会社やホテルがキャンセルを見込んで、定員以上に予約を受け付けることをいいます。キャンセルが見込みどおりで定員内に収まった場合は問題ないのですが、キャンセルが予想に反して少なく、定員をオーバーしてしまった場合は、予約をカットする必要が生じます。そして、このカットの対象となるのが、割引料金のためプライオリティ（優先権）の低いパック旅行の客ということになってしまうのです。また、海外のホテルによっては、予約が定員をオーバーした場合の調整を事前に行わず宿泊当日に調整したり、前泊者が引き続いて宿泊を申し込むと前泊者の宿泊を優先させたりするところもあります。

　このような状況から、海外パック旅行では、出発直前に旅行内容の変更を余儀なくされたり、旅行中に突然ホテルが変更されたり、宿泊するホテルがなくなったという事態が生じたりすることがあるのです。

Q2 旅行トラブルの解決に利用できる法律

旅行トラブル解決に利用することのできる法律等にどのようなものがあるか、教えてください。

▶▶▶ Point
・旅行トラブルの解決の際に用いられる代表的な法律等としては、①旅行業法、②標準旅行業約款、③消費者契約法、④民法、⑤判例等があります。

1 旅行契約を規律する法律の種類

　旅行をめぐるトラブルにはさまざまなものがありますが（Q1参照）、解決にあたって参照されるべき法律等としては、①旅行業法（および同法施行令、同法施行規則）、②標準旅行業約款、③消費者契約法、④民法といったものがあります。そのほか、⑤判例も参考になります。

　そもそも旅行とは、短期間で戻る予定で現居住地を離れ、別の場所に移動する行為をいいます。旅客運送と宿泊を伴うのが通例です。

　そして、旅行業者が旅行に関与した場合は、旅行契約が結ばれることになります。旅行契約とは、旅行業者が、旅行者に、旅行を実現するための役務を有償で提供する契約のことをいいます。旅行契約は、旅行業法をはじめとして、以下の法律等によって規律されています。

2 旅行業法および関係規定

　旅行業法は、旅行業務に関する取引の公正の維持、旅行の安全の確保およ

び旅行者の利便の増進を図ることを目的とする法律であり、旅行業に関する登録制度・営業保証金制度、旅行業務取扱管理者制度、旅行業務の公正の確保のための各種規制、旅行業協会制度について定めています。

　旅行業法は、旅行業者と旅行者との契約関係を直接に規律する法律ではなく、旅行業者が業務を行ううえでの行政規制を定める法律ですが、消費者としては、旅行業者に対し、当然に旅行業法の遵守を求めることができるという意味で、旅行業者とのトラブル解決の指標となる法律です（旅行業法の内容について、詳しくはＱ３参照）。

　なお、旅行業法施行令は内閣の定めた政令、旅行業法施行規則は主務省庁の定めた省令であり、それぞれ旅行業法の規定上の委任に基づき、旅行業法施行のための細則を定めています。

　さらに、観光庁は、旅行業法の運用に関して「旅行業法施行要領」を定めています。これは観光庁の通達にすぎず、そこに示された見解は、裁判所の判断を拘束するものではありませんが、トラブル解決にあたり一定の参考にはなるでしょう。なお、通達とは、法令の解釈や運用等について行政機関が指針等を示す文書のことです。たとえば、平成20年10月１日に観光庁が設置され、旅行業の管轄が従来の国土交通省から観光庁に移管される際に、「既存の通知等の取り扱いについて」（平成20年９月29日）という通達が出されています。この通達には、従前の文書に「国土交通省」とあったものを、観光庁設置後は「観光庁」と読み替えること等が記載されています。

　ちなみに、旅行業を所管する主務省庁は、観光庁と消費者庁の共管となっています。

３　標準旅行業約款

　標準旅行業約款とは、旅行業法12条の３に基づき、観光庁長官および消費者庁長官が定めて公示した旅行業約款のことをいいます。

　実際上、旅行業者は、標準旅行業約款を用いて旅行者との取引を行ってい

ることがほとんどです。そのため、旅行者と旅行業者との間のトラブルについては、ほとんどの場合、標準旅行業約款に規定されている内容に従って解決されることになります（詳しくはＱ４参照）。

４ 消費者契約法

　消費者契約法は、消費者と事業者との間で締結された契約に適用される法律です。事業者が契約上の重要事項（契約の内容や代金等）について事実と異なることを告げた場合等に消費者が契約を取り消すことができることや、不当な契約条項は無効となることなどを定めています。

　うまく活用すれば、消費者に納得のいく解決を導くことができる法律であるといえるでしょう。

５ 民　法

　民法は、私法の一般法であり、契約上のトラブルを解決するうえでは、常に基本となる法律です。たとえば、契約解除や損害賠償請求といった点については、契約一般を規律する民法に従った解決がなされることになります。

６ 判　例

　判例は、実際に生じたトラブルについて、裁判所が事実認定をしたうえで、法の適用によって、解決の筋道を示したものです。判決理由中の判断は、同種事案の解決にあたって参照されるべきです。

第1章　旅行契約を支える制度

Q3　旅行業法の内容

「旅行業法」という法律があるそうですが、どのような法律なのか説明してください。

▶▶▶ Point
・旅行業法は、取引の公正の維持、旅行の安全の確保および旅行者の利便の増進を図ることを目的としており、そのための制度について定めています。

1　旅行業法の概要

旅行業法は、旅行業等を営む者について登録制度を実施し、旅行業等を営む者の業務の適正な運営を確保するとともに、その組織する団体の適正な活動を促進することにより、旅行業務に関する取引の公正の維持、旅行の安全の確保および旅行者の利便の増進を図ることを目的とする法律です（旅行業法1条）。この目的のため、旅行業法は、旅行業等に関して、①登録制度、②営業保証金制度、③旅行業務取扱管理者制度、④旅行業務の公正の確保のための規制、⑤旅行業協会制度の5つを柱として定めています。

2　旅行業

旅行業とは、旅行者や運送または宿泊のサービス（以下、「運送等サービス」といいます）を提供する者のため、自社以外の事業者による運送等サービスの提供について、契約の代理、媒介、取次ぎ等を行う事業のことをいいます（旅行業法2条1項）。

たとえば、旅行者の依頼を受けて、ホテルやバス、航空券などの手配をす

る行為を、報酬を得て、事業として営む場合には、旅行業に該当します。一方、運送等サービスを含まず、レストランや遊園地などの予約・手配のみを行う場合には、旅行業には該当しません。

また、いわゆるパッケージツアーについては、ツアーに運送等サービスの提供が含まれる場合には、旅行業に該当します。一方、ツアーに運送等サービスの提供が含まれない場合（レストランや動物園を歩いて回らせる日帰りのものなど）や、自社が運行するバスを使用してレストランなどを回らせる場合には、旅行業には該当しません。

なお、国、地方公共団体または公的団体が実施する公的事業等であっても、上記の事業を行う場合には、旅行業の登録が必要です。

③ 登録制度

旅行業（報酬を得て旅行業務を取り扱うことを事業とすること）を行うには、旅行業法に基づき、登録を受ける必要があります（旅行業法３条、施行規則１条）。無登録で旅行業を行うと処罰されるので（旅行業法29条１号）、これは実質的な許可制といえます。

④ 営業保証金制度

旅行業の登録を受けた者は、営業を開始する以前に、一定額の営業保証金を供託しなければなりません（旅行業法７条。詳しくはＱ11参照）。

営業保証金制度は、旅行業者と旅行業務に関して取引をした旅行者の債権を担保するための制度です。

⑤ 旅行業務取扱管理者制度

旅行業者は、その営業所ごとに１人以上、旅行業務取扱管理者（観光庁の行う国家試験である旅行業務取扱管理者試験に合格した者）を選任しなければなりません。そして、旅行業者は、その者に、当該営業における旅行業務に関

して、取引条件の明確性、旅行に関するサービスの提供の確実性、その他取引の公正、旅行の安全および旅行者の利便を確保するために必要な管理・監督に関する事務を行わせなければなりません（旅行業法11条の2第1項）。

旅行業務取扱管理者が行うべき具体的な管理監督事務としては、旅行計画の作成、約款や料金表の掲示、取引条件の説明、書面の交付、旅程管理、苦情処理などがあります（施行規則10条）。

6　旅行業務の公正の確保のための規制(1)——取扱料金の明示、標識の掲示

旅行業者は、旅行者が安心して取引できるように、旅行業務に関して旅行者から受け取る料金を、旅行者の見やすいように掲示しなければなりません（旅行業法12条）。

また、旅行業者は、営業所において、標識（登録票）を、公衆に見やすいように掲示しなければなりません（旅行業法12条の9）。

7　旅行業務の公正の確保のための規制(2)——旅行業約款の認可制と標準旅行業約款制度

旅行業者は、旅行業務の取扱いに関する契約に関し、旅行業約款を定め、観光庁長官の認可を受けなければなりません（旅行業法12条の2第1項）。しかし、観光庁長官および消費者庁長官が定めて公示した標準旅行業約款を使用する場合は、認可を受けたものとみなされます（同法12条の3）。

約款についても、旅行業者は、営業所において、旅行者が見やすいように掲示するか、旅行者が閲覧できるように備え置かなければならないことになっています（旅行業法12条の2第3項、Q4参照）。

旅行業約款制度は、約款の作成を旅行業者に義務付け、旅行に関する取引の内容を明確にすることを目的としています。そして、認可制および標準旅行業約款制度を採用してその内容についても観光庁長官および消費者庁長官

の監督下におき、旅行業約款を作成する旅行業者の側の利益が偏重されないようにして旅行者の利益を図ろうとしています。

8 旅行業務の公正の確保のための規制(3)——広告の規制

　企画旅行に関する広告については、表示しなければならない事項や表示方法が詳しく規制されています（旅行業法12条の7、旅行契約規則13条、Q24参照）。また、誇大広告が禁止されています（旅行業法12条の8、旅行契約規則14条）。

9 旅行業務の公正の確保のための規制(4)——旅行サービス内容の説明

　旅行サービスの内容を明確にし、サービス内容に関する旅行者と旅行業者のトラブルを防止するため、旅行業者は、旅行業務に関して旅行者と契約を締結しようとするときは、取引の条件に関する重要事項を旅行者に説明しなければならないことになっています（旅行業法12条の4第1項、旅行契約規則3条）。

10 旅行業務の公正の確保のための規制(5)——書面の交付

　旅行業者は、旅行に関するサービスの提供に関し、旅行者と契約したときは、遅滞なく、取引の条件に関する重要事項を記載した書面を旅行者に交付しなければならないことになっています（旅行業法12条の5第1項、旅行契約規則9条）。これは、説明義務を一層充実させるためのものです。

11 旅行業協会制度

　観光庁長官は、旅行業者の団体で一定の要件を備えるものを旅行業協会として指定することができます（旅行業法22条の2）。そして、指定を受けた旅行業協会は、旅行者からの苦情の解決、旅行業務の取扱いに従事する者に対

する研修、弁済業務保証金制度（Q11参照）、旅行業者に対する指導等を実施することになります（同法22条の3）。現在、全国旅行業協会と日本旅行業協会という2つの団体がこの指定を受けています（Q10参照）。

旅行業協会制度は、旅行業に関するトラブル、研修、弁済業務保証金制度、旅行業者に対する指導等を旅行業者の団体である旅行業協会に委ね、旅行業者の自主規制を期待し、旅行業者に対する観光庁長官の監督（旅行業法18条の3・19条等）を補完しようとするものです。

> **コラム①　旅行業法の沿革**
>
> 　昭和27年、旅行あっ旋業法が制定されました。旅行あっ旋業法は、外国人観光客を保護するために、悪質な旅行業者を取り締まることを目的としており、取締法的性格を有していました。
>
> 　その後、数次の改正を経て、昭和46年に、名称が旅行業法と改められ、取引法的性格が盛り込まれました。
>
> 　昭和46年の改正では、①旅行業務取扱主任者制度、②旅行業約款の認可制、③取引態様の明示、旅行サービスの内容の説明義務、書面の交付等の取引の公正を確保するための規定の創設、④旅行業協会制度が導入されました。
>
> 　その後も、時代の変化に伴い、何度か法律の改正が行われました。
>
> 　たとえば、昭和57年の改正では標準旅行業約款制度が導入されました。平成7年の改正では、登録制度が変更され、標準旅行業約款に旅程保証が導入されています。平成16年の改正では、旅行業務取扱主任者の旅行業務取扱管理者への変更や企画旅行・手配旅行が設けられました。
>
> 　このように、旅行業法は、頻繁に改正されることから、常に最新の情報を収集するように心がけておくことが重要です。

Q4 標準旅行業約款とは

標準旅行業約款とは、どのようなもので、どのような特徴をもっていますか。

▶▶▶ Point
・標準旅行業約款とは、観光庁長官および消費者庁長官が定めて公示した旅行業約款を意味します。標準旅行業約款は、旅行業者と旅行者の契約内容になります。

1 約款とは

　約款とは、あらかじめ事業者によって定められ、同種の取引に一律に適用されることが予定されている契約条件のことです。あらかじめ印刷された契約書や規約のことだと思えばよいでしょう。
　本来、事業者は、消費者との間で、個別に契約条件を交渉し、契約を結ぶ必要があります。しかし、取引数の増大に伴い、大量の取引を迅速に処理する必要が生じたことから、事業者は、約款を用いて画一的・定型的な内容の契約を結ぶようになりました。たとえば、電話の利用契約、保険契約等において、約款が用いられています。

2 旅行業約款の認可

　旅行業約款とは、旅行業者と旅行者との間で締結される旅行業務の取扱いに関する契約に用いる約款のことをいいます（旅行業法12条の2第1項）。
　旅行業においても、大量の旅行者との間で、迅速に取引をする必要から、旅行業約款が使用されています。

第1章　旅行契約を支える制度

　旅行業者は、旅行者との契約に関して旅行業約款を定めることが義務付けられているのみならず、旅行業約款については観光庁長官の認可を受けなければなりません（旅行業法12条の2第1項）。旅行業約款は、旅行業者があらかじめ一方的に作成するものであることから、旅行業者に有利な契約条件が定められ、旅行者が不利益を被る可能性があります。そのため、契約内容の合理性を確保し、旅行者の保護を図ることを目的として、旅行業約款については、観光庁長官による認可が必要とされているのです。

　観光庁長官の認可を受けない約款（無認可約款）を使用した場合には、30万円以下の罰金に処せられる可能性があります（旅行業法31条6号）。また、業務改善命令（同法18条の3第1号）、業務停止、登録取消し（同法19条1項1号）といった行政処分を受ける可能性があります。

　なお、実際には、旅行業者は、標準旅行業約款（後記3参照）と同一の旅行業約款を用いていることがほとんどです。観光庁長官の認可を得た個別の約款としては、フライ＆クルーズ約款（クルーズを組み込んだ海外旅行について、旅行業者が解約の場合のキャンセル料を収受できる時期が標準旅行業約款より早くなっている内容の約款）、ランドオンリー約款（往復航空券は旅行者が手配し、海外で旅行業者が実施する旅行に参加し海外で旅行を終了するような場合に、旅行者からの解約時のキャンセル料を収受することができるように定めた約款）がある程度です。

3　標準旅行業約款とは

　標準旅行業約款とは、観光庁長官および消費者庁長官が定めて公示した旅行業約款のことをいいます（旅行業法12条の3）。

　標準旅行業約款は、用語の定義や旅行契約の締結・変更・解除、旅行業者の責任等に関する事項を定めており、旅行業の種類によって、①募集型企画旅行契約の部、②受注型企画旅行契約の部、③手配旅行契約の部、④渡航手続代行契約の部、⑤旅行相談契約の部があります。

旅行業者は、標準旅行業約款と同一の約款を用いている限り、観光庁長官の認可を受けた約款を用いているものとみなされます（旅行業法12条の３）。

　標準旅行業約款は、日本旅行業協会または全国旅行業協会のホームページで確認することができます。

4　標準旅行業約款を採用した場合の効力

　約款による契約も、契約である以上、契約条件は約款によるという合意がなければ、当事者は約款の内容に拘束されません。消費者は、約款の内容を知らなければ、合意するか否か判断できないことから、約款の内容が適切な方法によりあらかじめ消費者に開示されていることが必要になります。

　この点、旅行業法12条の２第３項は、「旅行業者は、旅行業約款……をその営業所において、旅行者に見やすいように掲示し、又は旅行者が閲覧することができるように備え置かなければならない」と定めています。

　また、旅行業法12条の４は、旅行業者は、契約締結前に、旅行者に対して、取引条件説明書を交付したうえで、取引条件の説明をしなければならないと定めており、あらかじめ消費者に約款の内容を知らせることが必要とされています。

　旅行業法12条の２第３項所定の方法による開示および12条の４所定の方法による取引条件の説明がなされている場合には、約款は旅行業者と消費者との契約にあたって採用されているといえ、仮に旅行者が個々の約款条項を事前に読んで了解していなくても、契約の内容になると考えてよいでしょう。

　標準旅行業約款の内容については、消費者契約法に反しないかが問題となる場合もあります（詳しくはQ14参照）。

　なお、民法（債権法）の改正により、定型約款の定義、定型約款についてのみなし合意、定型約款の内容の表示、定型約款の変更に関する規定が設けられる予定です。この改正法が成立すれば、旅行業約款にもそれらの規定が適用される可能性があります。

第1章 旅行契約を支える制度

Q5　無認可約款の効力

　旅行業者が、標準旅行業約款と異なる約款を用いていて、しかも観光庁長官の認可を受けていない場合、その約款に基づいてした契約は有効なのでしょうか。

▶▶▶ Point

① 　約款が契約の内容となるには、原則として当該約款が事前に旅行者に開示され、旅行者が約款の内容を知ることができる機会が確保されていることが必要です。

② 　無認可約款のうち、標準旅行業約款の規定に比べて消費者を不利に取り扱うような契約条項は、原則として消費者契約法10条に反し無効と解されます。

1　無認可約款

　旅行業者が、標準旅行業約款とは異なる約款を作成し、しかもその約款について観光庁長官の認可も受けていない場合、その約款を一般に「無認可約款」といいます。そのような無認可約款の内容は、すべて私法上有効なものとして旅行者を拘束することになるのでしょうか。

　無認可約款の効力を考えるにあたっては、①そもそも当該約款が消費者に対して十分に開示されており契約内容として合意されているか、という問題と、②合意されているとしても、無認可であることを理由に、または約款の内容が不当条項（消費者契約法10条）に当たることを理由に無効とならないか、という問題があります。

2 事前開示の必要性

(1) 原則として事前開示が必要

そもそも、約款が契約にあたって採用されているというためには、当該約款が事前に旅行者に開示され、約款の内容を知ることができる機会が確保されていることが必要です。

そうすると、標準旅行業約款と同一のものではない無認可約款については、少なくとも、営業所において旅行者が見やすいように掲示されていないなど約款の開示がなされていなかった場合（旅行業法12条の2第3項参照）や、取引条件の説明がなされていなかった場合（同法12条の4参照）には、契約内容になっていないと解するべきでしょう。

なお、民法（債権法）改正案では、定型取引（ある特定の者が不特定多数の者を相手方として行う取引であって、その内容の全部または一部が画一的であることがその双方にとって合理的なもの）を行うことの合意をした者は、定型約款（定型取引において、契約の内容とすることを目的としてその特定の者により準備された条項の総体）を契約の内容とする旨の合意をしたとき、または、定型約款を準備した者があらかじめその定型約款を契約の内容とする旨を相手方に表示したときには、原則として定型約款の個別条項について合意したものとみなされるとしています（同改正法案548条の2）。

(2) 信義則に反する条項がある場合

適法な開示がなされていた場合であっても、旅行者がその存在を到底予測できないような異例な契約条項が含まれていた場合には、そのような異例な契約条項は契約内容とはならないと解するべきです。約款が事業者による開示手続を経ただけで契約内容となるのは、当該約款の定める契約条件に従っても旅行者の当該契約における合理的期待に反せず、不当に不利益に扱われないという信頼が前提にあるからです。だとすれば、その信頼を裏切るような不意打ち的で非慣行的な契約条項は、旅行者の合理的な期待に反しており、契約

内容に採用されていないとみるべきです。この点、民法改正法案548条の2第2項も、約款の条項のうち、相手方の権利を制限し、または相手方の義務を加重する条項であって、その定型取引の態様およびその実情並びに取引上の社会通念に照らして、信義則に反して相手方の利益を一方的に害すると認められるものについては、合意をしなかったものとみなす、としています。

3 無認可約款に基づく契約の有効性

(1) 標準旅行業約款に比べて旅行者に不利な条項は無効

仮に無認可約款が十分に開示され、契約内容として利用者が合意しているとしても、認可を受けていないような約款にそもそも効力が認められるのでしょうか。

旅行業法は、旅行業者と旅行者との契約関係を直接に規律する法律ではなく、旅行業者が業務を行ううえでの行政規制を定める法律です（Q3参照）。したがって、同項に違反した無認可約款だからといって、無認可約款に基づく契約が当然に無効となるわけではありません。しかし、事業者である旅行業者が、消費者に対して無認可約款を利用して旅行契約を締結した場合は、その旅行契約の内容のうち、標準旅行業約款の規定に比べて消費者を不利に取り扱うような契約条項については、原則として消費者契約法10条に抵触し、無効となると考えることができるのではないでしょうか。

その理由は、以下のとおりです。

旅行業法12条の2第2項1号は、観光庁長官が旅行業約款を認可する際の基準として、「旅行者の正当な利益を害するおそれがないものであること」を要求しています。標準旅行業約款は、この認可基準を満たすものとして観光庁長官が公示したものにほかなりません。

そして、現実には、標準旅行業約款よりも消費者を一方的に不利に扱う約款が認可される例は見当たりません。これは、標準旅行業約款の規定に比べて消費者を不利に取り扱うような契約条件を規定する約款は、この「旅行者の

正当な利益を害するおそれがないものであること」という認可基準を満たしていないために、認可を得られないからであると考えられます。そうすると、標準旅行業約款は、「旅行者の正当な利益を害するおそれがないものであること」という認可基準を満たす最低限度の契約条件を定めているものと理解できます。

したがって、無認可約款のうち、標準旅行業約款の規定に比べて消費者を不利に取り扱うような不当条項は、消費者保護の見地から最低限度とみられる認可基準さえ満たしておらず「旅行者の正当な利益を害するおそれ」があると認められます。そして、消費者契約法10条は「民法第1条第2項に規定する基本原則に反して消費者の利益を一方的に害するものは、無効とする」と規定していますので、原則としてこのような契約条項は無効であると考えられるのです。

(2) 判例との比較

この点、最高裁昭和45年12月24日判決（民集24巻13号2187頁）は、主務大臣の認可を受けずに変更された船舶海上保険約款を利用してなされた保険契約が有効であると判断しています。しかし、その理由の中では、船舶海上保険が企業保険であり、保険契約者が企業であって約款の内容に通暁しており、保険会社と対等の交渉力を有することを強調しています。

消費者は、事業者と比較すると、情報の質および量並びに交渉力に格差があり、不当な契約条件でも拒絶できない立場にありますから（消費者基本法1条参照）、この最高裁判例の理由づけは契約者が消費者である場合には妥当しません。したがって、旅行業約款が無認可であるという点は、やはり当該約款による契約を無効化する要因になると考えられます。

4　無効となった無認可約款の補充的解釈

ところで、無効となった不当条項については、その無効部分を補充する必要があります。

この無効部分の補充については、民法等の任意規定によって補充するとい

うのが、基本的な考え方です。

　仮に、無効部分について適用されるべき適切な任意規定が見当たらない場合には、契約の趣旨に従って補充的契約解釈がなされることになります。そして、平均的な消費者の抱く期待を基準として、その種の取引において通常なされている契約条件を補充するとすれば、補充的契約解釈にあたっては、標準旅行業約款が用いられることになるでしょう。

　標準旅行業約款を用いるとの考え方に従うと、たとえば、旅行業者が、標準旅行業約款で定める旅程保証や特別補償による金額よりも低額の補償しかない独自の約款を作成し、これを使用して旅行者との契約をしたが、その約款について旅行業法12条の2第1項の認可を受けていなかった場合には、当該約款規定は消費者契約法10条の不当条項として無効となり、標準旅行業約款で定める金額の補償金の支払いが義務付けられると解するべきです。

コラム② 個別の特約

　旅行業者と旅行者との契約の内容に標準旅行業約款と異なる条項が含まれている場合、無認可約款の問題か、それとも契約当事者の個別的な意思表示（特約）の問題か、判断がつかず、その条項が有効かどうかわからないことがあります。

　強いていえば、旅行者が旅行業者作成の書式に署名押印をしている場合には特約であり、そのような旅行者の署名押印がない場合には無認可約款であるといえるでしょう。

　しかし、どちらの問題と考えたとしても、結論が変わることはありません。なぜなら、募集型約款1条2項が、特約の有効性について「当社が法令に反せず、かつ、旅行者の不利にならない範囲で書面により特約を結んだときは、……その特約が優先します」と規定していることから、仮に個別の特約が締結された場合であっても、標準旅行業約款の規定に比べて消費者を不利に取り扱うような契約条項は無効と考えられるからです。

Q6 旅行契約の種類——企画旅行と手配旅行

　旅行業法や標準旅行業約款を見ると、旅行契約には「企画旅行」「手配旅行」があると書かれています。この「企画旅行」「手配旅行」とは、どのようなもので、どのように違うのでしょうか。また、旅行業法と標準旅行業約款でこれらの違いはあるのでしょうか。

▶▶▶ Point
① 「企画旅行」と「手配旅行」における旅行業者の責任には違いがあります。
② 「手配旅行」と「企画旅行」の区別は、旅行業者による「計画性」の有無で判断します。
③ 旅行業法と標準旅行業約款では、「企画旅行」についての定義が若干異なっています。

1　企画旅行と手配旅行における旅行業者の責任

(1)　「旅行」とは、「旅行契約」とは

　「旅行」とは、短期間で戻る予定で、現居住地を離れ、別の場所に移動する行為をいい、旅行者の移動と宿泊が伴うのが通常です。
　「旅行契約」とは、旅行業者が、旅行者に対し、旅行を実現するための役務を提供し、旅行者が提供された役務の対価を支払う契約をいいます。たとえば、宿泊先などを個別に手配依頼することももちろんですが、旅行業者が売り出しているパックツアーでの旅行も、旅行に関する役務の提供とこれに対する対価の支払いがありますので、旅行契約を締結したことになります。

(2)　「企画旅行」と「手配旅行」

第1章　旅行契約を支える制度

　旅行者と旅行業者との間で締結される旅行契約には、旅行業法上および標準旅行業約款上、「企画旅行契約」と「手配旅行契約」の2種類があります（標準旅行業約款についてはＱ４参照）。

　旅行者にとって、企画旅行契約と手配旅行契約とは、効果の面で大きく違っており、企画旅行契約のほうが有利となっています。すなわち、企画旅行契約であれば、旅行者は、旅行業者に対して、旅程管理責任、旅程保証責任、特別補償責任および安全確保義務違反による損害賠償責任という責任の負担を求めることができますが（Ｑ８参照）、手配旅行契約の場合、旅行業者は、このような責任を負担することはありません。

2　企画旅行と手配旅行の法律および約款上の定義等

(1)　「企画旅行」とは

(a)　標準旅行業約款による企画旅行の定義

　企画旅行契約について、標準旅行業約款では、さらに「募集型企画旅行契約」と「受注型企画旅行契約」に分けられています。「募集型企画旅行」とは、旅行会社があらかじめ旅行計画を作成したうえで、旅行者を募集して行う旅行のことで、いわゆるパック旅行、パッケージツアーのことです。「受注型企画旅行」とは、旅行者の依頼に基づき、旅行会社が計画を作成して行う旅行のことで、たとえば社員旅行や修学旅行などがこれに当たります。いずれについても、企画旅行契約であることに変わりはなく、旅行業者は、旅程管理責任、旅程保証責任、特別補償責任および安全確保義務違反による損害賠償責任を負うことになります。それぞれの標準旅行業約款の内容もほぼ共通しています。

　標準旅行業約款上、企画旅行とは、旅行業者が、「旅行の目的地及び日程、旅行者が提供を受けることができる運送又は宿泊のサービスの内容並びに旅行者が当社〔旅行業者〕に支払うべき旅行代金の額を定めた旅行に関する計画を作成し、これにより実施する旅行」とされています（募集型約款２

条1項、受注型約款2条1項)。

この定義から明らかなとおり、標準旅行業約款上の企画旅行は「計画性」、すなわち旅行業者による旅行計画の作成を必須の要素とします。旅行業者によって作成される旅行計画には、①旅行の目的地および日程、②運送・宿泊のサービスの内容、③旅行代金の額が定められなければなりません。

企画旅行契約と手配旅行契約との区別は、「計画性」の有無によって決まることになります（後記(2)参照）。

(b) 旅行業法による企画旅行の定義

一方、旅行業法上、企画旅行とは、「旅行の目的地及び日程、旅行者が提供を受けることができる運送又は宿泊のサービス（以下「運送等サービス」という。）の内容並びに旅行者が支払うべき対価に関する事項を定めた旅行に関する計画を、旅行者の募集のためにあらかじめ、又は旅行者からの依頼により作成するとともに、当該計画に定める運送等サービスを旅行者に確実に提供するために必要と見込まれる運送等サービスの提供に係る契約を、自己の計算において、運送等サービスを提供する者との間で締結する行為」を行うことにより実施する旅行とされています（旅行業法2条1項1号・4項）。また、企画旅行においては、「運送等サービス」以外の旅行に関するサービス（運送等関連サービス）を旅行者に確実に提供するために必要と見込まれる運送等関連サービスの提供にかかる契約（同条1項2号）や、旅行者の案内、旅券の受給のための行政庁等に対する手続の代行など旅行業者の便宜となるサービスの提供（同項8号）なども行うことができます。

この旅行業法上の企画旅行の定義では、①計画性（旅行業者による旅行計画の作成）という要素のほかに、②自己の計算による手配（旅行業者自身の経済的負担による運送宿泊サービス契約代金の支払い）という要素が付加されています。

(c) 旅行業法と標準旅行業約款の定義の違い

旅行業法は、旅行業者に対する行政規律を定めたものであり、標準旅行業

約款は、旅行業者と旅行契約を締結する当事者との間の規律を定めたものですので、両者の目的は異なっています。

この目的の違いによって、旅行業法においては、行政規律目的から前記②（自己計算による手配）という要素が明文化されているにすぎず、「企画旅行」に２種類の概念があるわけではありません。

(2) 「手配旅行」とは

手配旅行契約とは、旅行業者が、旅行者の委託により、旅行者のために代理、媒介または取次ぎをすることなどにより旅行者が運送・宿泊機関等の提供する運送、宿泊その他の旅行に関するサービスの提供を受けることができるように手配することを引き受ける契約をいいます（手配約款２条１項、旅行業法２条５項・１項３号・４号）。手配旅行においても、「その他の旅行に関するサービス」として、付随するサービスを手配することができます（同法２条１項３号・６号〜８号）。

ここで、「代理」とは、旅行業者が、旅行者の代理人として、運送契約・宿泊契約などを締結することをいいます。代理によって運送契約・宿泊契約などが成立した場合、旅行者が直接の契約当事者となります。「媒介」とは、旅行業者が、旅行者に対して、運送機関や宿泊施設を紹介するなどして、契約の成立に至るように事実上尽力することをいいます。「取次ぎ」とは、旅行業者が、自ら運送契約・宿泊契約などを締結しますが、その代金は旅行者に支出してもらうことをいいます。

手配旅行契約においては、旅行業者が旅行計画を作成することはなく、旅行業者は旅行者に対し、旅程管理責任、旅程保証責任、特別補償責任という３つの責任を負担しません。また、手配旅行は、本来的に「計画性」を要素としないため、旅行中の事故などで、安全確保義務違反が問題となることはほとんどないでしょう。

③ 企画旅行と手配旅行を区別する基準——計画性

　前記のとおり、企画旅行に関する定義は、標準旅行業約款と旅行業法とで若干異なっていますが、規律目的の違いによるものにすぎず、「企画旅行」の概念が異なるわけではありません。

　一方、「企画旅行」と「手配旅行」の違いは、前記のとおり、「計画性」の有無にあります。この「計画性」の有無という判断基準に関して、実質的に考えてみると、企画旅行においては、「包括料金性」という要素が重要となってくるでしょう。なぜなら、企画旅行においては、旅行業者による旅行計画の作成が伴う以上、旅行業者の業務は、個々の宿泊施設や運送サービスを手配することにとどまらないため、各サービスの料金の内訳が出せないという点、すなわち、計画策定を含めた企画旅行という商品でしか料金を定められないという点に、手配旅行との違いがあると考えられるからです。すなわち、「計画性」を裏付ける１つの事実として「包括料金性」があると考えることができます。

　一方、前記のとおり、手配旅行に関しては、旅行業者による計画策定はなく、個々のサービスの手配に対する対価で料金が決まりますので、包括料金性はありません。

④ まとめ

　以上のとおり、旅行業者の法的責任について、企画旅行においては、旅程管理責任、旅程保証責任、特別補償責任および安全確保義務違反による損害賠償責任が問題となりますが、手配旅行については、これらの問題は生じません。このため、企画旅行と手配旅行を区別する基準が問題となります。

　そして、その基準は、計画性の有無で区別されることになりますが、計画性の有無について判断がつきにくい場合には、包括料金性が計画性の有無の重要な要素として考慮されると考えることができるでしょう（Ｑ７も参照）。

第1章　旅行契約を支える制度

Q7　特別補償責任の有無──企画旅行か手配旅行か

> 「オーストラリア　オーダーメイドの旅」と題するパンフレットに「３月末までの優待料金　Ａホテルまたはこれと同等のホテルに宿泊○○円〜○○円（航空券代込み）」と記載してあったのを見て、そのパンフレットを発行している旅行業者に出向いたところ、「これは手配旅行である」と説明されたうえで契約をしました。
>
> この旅行先で、バスでの移動中、カンガルーが突然飛び出してきて、バスが急ブレーキをかけ、その際、足を踏ん張ろうとして足首を捻挫したために、３日間通院することになってしまいました。帰国後、旅行業者に治療費の一部でも支払ってほしいと申し入れましたが、旅行業者のほうでは、「これは航空券代・宿泊費など料金の内訳を明示した手配旅行だから補償はできない」と言って、とりあってくれません。このような場合、何の補償も受けられないのでしょうか。

▶▶▶ Point

① 本件旅行契約が企画旅行に該当すれば、旅行業者の責任として、特別補償責任が発生します。
② 解決への道筋としては、「計画性の有無」および「料金の包括性」が重要な要素となります。

1　旅行業者の責任

(1)　特別補償責任

特別補償の制度は、旅行者が旅行中の事故で損害を受けた場合に、旅行業者の故意・過失にかかわらず、旅行者が旅行業者に補償金などを請求できる

ものです。

　特別補償制度は、標準旅行業約款上、企画旅行契約（募集型・受注型）についてのみ認められている制度であり、手配旅行契約については認められていません（旅行契約の種類についてはＱ６、特別補償制度についてはＱ37参照）。

　したがって、旅行者が旅行業者との間で締結した旅行契約が「企画旅行契約」といえるのであれば、特別補償を旅行業者に求めることができます。これに対し、ご質問のケースでの旅行契約が、旅行業者の説明のとおり「手配旅行契約」であった場合には、旅行業者は特別補償責任を負担しませんので、旅行者からの補償金の請求は認められないことになります。

(2)　旅行業者の資格

　ところで、ご質問の場合、旅行業者は、締結された旅行契約の性質について、あくまで「手配旅行である」と説明していますが、もしかすると、この旅行業者は、旅行業法上、海外の募集型企画旅行の取扱いをする資格のない第２種旅行業者あるいは第３種旅行業者かもしれません（旅行業者の種類についてはＱ９参照）。

　旅行業についての営業保証金の最低額は、第１種旅行業者の場合には7000万円、第２種旅行業者の場合には1100万円、第３種旅行業者の場合には300万円とされています（ただし、旅行業協会に加入した場合には、弁済業務保証金分担金として、営業保証金の５分の１の金額を納付すればよいことになります。また、年間取引額が２億円以上の場合は、取扱額の増加に応じて金額が加算されます）。第１種旅行業者については、営業保証金の額が高いため、開業しにくいといえるでしょう。第２種旅行業者あるいは第３種旅行業者のほうが開業しやすいのです。

　しかし、旅行業法上は、第２種旅行業者あるいは第３種旅行業者には、海外の募集型企画旅行の取扱いをする資格がありません。したがって、第２種・第３種旅行業者は、海外旅行について「募集型企画旅行」として契約すると旅行業法違反となってしまうことから、あくまで「手配旅行」として契

約しようとすることがあるのです。

2 解決への道筋

(1) 企画旅行契約か、手配旅行契約か

さて、ご質問のケースでは、一見すると、旅行業者の説明どおり手配旅行として契約がなされているので、旅行業者の特別補償責任は生じないようにも思われます。しかし、ご質問の旅行契約が「企画旅行契約」なのか「手配旅行契約」なのかは、旅行業者の資格によって決定されるものではなく、旅行業者の説明によって決まるものでもありません。企画旅行契約と手配旅行契約の区別は、あくまで旅行業者によって旅行計画の作成がなされているか否か（計画性）を基準としてなされます（Ｑ６参照）。

ご質問の場合、あらかじめ募集用パンフレットが作成され、そのパンフレットには、オーストラリアという目的地が設定され、出発日が３月末として一定期間に限定され、ホテルについても一定範囲に設定があるのですから、旅行業者による事前の旅行計画の作成があると考えられ、契約の性質は募集型企画旅行契約であると判断されます。また、パンフレットに「○○円～○○円（航空券代込み）」と記載され、その内訳が明示されていないのですから、１つの商品として料金が設定されており、包括料金性があると考えられます。この点も、計画性が前提とされた旅行であるといえるでしょう（Ｑ６参照）。

(2) 第３種旅行業者であった場合に募集型約款・特別補償規程の適用があるか

ところで、第２種旅行業者は、もともと国内の募集型企画旅行契約を取り扱っていますので、旅行業を営むうえで、募集型約款の特別補償規程を採用していることは明らかです。ところが、国外・国内を問わず原則として募集型企画旅行契約を取り扱えない第３種旅行業者（ただし、一定の条件の下で、国内の募集型企画旅行は可能です。Ｑ８参照）が、旅行業法に違反して募集型

企画旅行契約を締結した場合、募集型約款の特別補償規程の適用があるのかどうかが問題となります。

この点について、①標準旅行業約款には事業者に対する拘束性が認められること（Q4参照）のほか、②標準旅行業約款は「募集型企画旅行契約の部」、「受注型企画旅行契約の部」、「手配旅行契約の部」、「渡航手続代行契約の部」、「旅行相談契約の部」の5部構成をとってはいますが、全体として1個の約款であり、そのうち「手配旅行契約の部」を常々使用している第3種旅行業者は、全体としての標準旅行業約款を自己の約款として採用しているものと評価することが可能であることから、旅行者は、募集型約款における特別補償規程の適用を主張することができると考えられます。

(3) 結　論

以上より、ご質問の場合における旅行契約は、企画旅行契約であると判断され、旅行業者が第2種旅行業者または第3種旅行業者であったとしても、標準旅行業約款の特別補償規程の適用を受けることになると考えられます。

あなたは、海外旅行で3日間の通院をしたことになりますので、2万円の通院見舞金の支払いを旅行業者に求めることができると考えられます（Q37参照）。

また、第2種旅行業者または第3種旅行業者が海外の募集型企画旅行の取扱いをすることは、旅行業法3条に違反する無登録営業であり、登録取消事由（旅行業法19条）に該当するとともに、100万円以下の罰金という刑事処罰の対象にもなります（同法29条1号）。観光庁に対して、事実を申告し、適切な行政処分を求めることも、とりうる対応の1つでしょう。

第1章 旅行契約を支える制度

Q8 旅行業者の義務と責任

企画旅行契約において、旅行業者は、旅行者に対して、どのような義務・責任を負うのでしょうか。

▶▶▶ Point
・企画旅行契約を締結した旅行業者は、旅行者に対して、手配債務、旅程管理債務および旅程保証責任、安全確保義務および特別補償責任を負担することになります。

企画旅行契約を締結した旅行業者は、旅行者に対して、次のような義務と責任を負担することになります。

1 手配義務（手配債務）

旅行業者は、企画旅行契約において、旅行者が計画に定める旅行日程に従って、運送・宿泊その他の旅行に関するサービスの提供を受けることができるように、手配する義務（手配債務）を負います（募集型約款3条、受注型約款3条）。

企画旅行における手配債務は、請負的な性質を有する「手配の完成債務」であり、旅行業者は、旅行計画の実施に必要な運送機関や宿泊施設を予約し確保する義務を負います。その手配をしなかった場合には、債務不履行となります。

2 旅程管理義務（旅程管理債務）

旅程管理債務とは、旅行業者が、旅行者の安全かつ円滑な旅行の実施を確

保することに努力し、当初予定された旅行計画どおりの旅行ができない事情が生じた場合には、できるだけ計画に沿った旅行サービスの提供を受けられるよう必要な措置を講じ、また、必要な措置を講じたにもかかわらず旅行内容を変更せざるを得ないときは、最小の費用増加で、できるだけ契約内容の変更を最小限にとどめるような代替サービスを手配する義務をいいます（募集型約款23条、受注型約款24条）。

この旅程管理義務は、委任的な性質を有すると考えられており（三浦雅生『改正・標準旅行業約款解説』137頁）、上記のような目的の達成を、善管注意義務を尽くしてめざすことが契約内容となっています（手段債務）。

3　旅程保証責任

企画旅行契約を締結した旅行業者は、運送機関・宿泊機関のオーバーブッキング等の理由で、契約書面に記載された一定の重要な旅程変更が生じたときは、旅行業者に過失がなくても、旅行者に対し、旅行代金に対する一定率の額の変更補償金を支払う責任があります（募集型約款29条、Q30参照）。

4　安全確保義務

安全確保義務とは、企画旅行契約において、旅行業者が、旅行者に対し、旅行中の旅行者の生命・身体・財産の安全を確保する義務をいいます。その具体的内容として、判例上、安全な旅行行程を設定する義務（事前調査義務）、安全な運送・宿泊等サービス提供機関を選定する義務（サービス機関選定上の義務）、添乗員が安全確保のため適切な措置を講ずべき義務（危険排除措置義務）等の履行が要求されています（Q34参照）。

5　特別補償責任

旅行業者は、旅行参加中に発生した偶然な事故により生命・身体・荷物に損害を受けた旅行者に対して、旅行業者に過失がなくても、死傷の場合には

その程度に応じて死亡補償金・後遺障害補償金・入院見舞金・通院見舞金を、携帯品に損害があった場合には携帯品損害補償金を支払う責任があります（募集型約款28条、Q37参照）。

Q9 旅行業者の種類と業務の内容

旅行業者には、第1種、第2種、第3種があると聞きました。また、旅行業者代理業者というものもあるそうです。それぞれどのような違いがあるのでしょうか。

▶▶▶ Point
・第1種、第2種、第3種および旅行業者代理業者には、業務範囲、営業保証金、基準資産額などの違いがあります。

1 旅行業登録制度

旅行業等を営むにあたっては、旅行業法により定められた登録をする必要があります。この登録の種類には、第1種旅行業、第2種旅行業、第3種旅行業、地域限定旅行業（以上をまとめて「旅行業」といいます）および旅行業者代理業という区分があります。なお、旅行業者代理業の特例として認められている観光圏内限定旅行業者代理業を営むには、観光圏整備実施計画における国土交通大臣の認定を受ける必要があります。

2 旅行業の種類

旅行業とは、報酬を得て、企画旅行を実施したり、宿泊・運送のサービスの代理・媒介・取次ぎ等を行う事業のことをいいます（旅行業法2条1項）。

登録行政庁は、第1種旅行業者については観光庁長官、それ以外は主たる営業所の所在地を管轄する都道府県知事となっていますから（旅行業法3条、施行規則1条）、営業所に掲示されている標識（旅行業法12条の9）に記載されている登録番号を見れば、その旅行業者がどの業種の登録をしている

第1章 旅行契約を支える制度

かわかります。

この第1種、第2種、第3種、地域限定旅行業者のいずれであるかによって、業務範囲が次のように異なります（〔表1〕参照）。

① 第1種旅行業者　国土交通省の外局である観光庁を登録行政庁とし、募集型企画旅行（海外・国内）、受注型企画旅行（海外・国内）、受託販売、手配旅行を実施することができます。受託販売とは、旅行業者が、他の旅行業者が実施する募集型企画旅行につき、その旅行業者を代理して旅行者と企画旅行契約を締結することをいいます（旅行業法14条の2）。たとえば、A社のパッケージツアーがB社の店舗で販売されている等がこれに当たります。旅行業者は、相互に受託契約を結んでいる場合が多いようです。

② 第2種旅行業者　主たる営業所の所在地を管轄する都道府県知事を登録行政庁とし、募集型企画旅行（国内のみ）、受注型企画旅行（海外・

〔表1〕 旅行業・旅行業者代理業の業務範囲

業務	登録行政庁	募集型企画旅行		受注型企画旅行		受託販売		手配旅行	
		海外	国内	海外	国内	海外	国内	海外	国内
第1種旅行業	観光庁長官	○	○	○	○	○	○	○	○
第2種旅行業	主たる営業所の所在地を管轄する都道府県知事	×	○	○	○	○	○	○	○
第3種旅行業		×	△	○	○	○	○	○	○
地域限定旅行業		×	△	×	△	○	○	×	△
旅行業者代理業		旅行業者から委託された業務							
観光圏内限定旅行業者代理業	国土交通大臣の認定	旅行業者から委託された業務 （観光圏内限定、対宿泊者限定）							

○＝行うことのできる業務
△＝行うことのできる業務（催行区域が営業所のある市町村およびこれに隣接する市町村等の一定の区域内に限定）
×＝行うことのできない業務

国内)、受託販売、手配旅行を実施することができます。海外の募集型企画旅行は実施することができません。
③　第3種旅行業者　主たる営業所の所在地を管轄する都道府県知事を登録行政庁とし、受注型企画旅行(海外・国内)、受託販売、手配旅行を実施することができます。また、募集型企画旅行については、旅行の催行区域が営業所のある市町村、それに隣接する市町村および観光庁長官の定める区域内に設定される場合に限って実施することができます。海外の募集型企画旅行は実施することができません。
④　地域限定旅行業者　主たる営業所の所在地を管轄する都道府県知事を登録行政庁とし、旅行の催行区域が営業所のある市町村、それに隣接する市町村および観光庁長官の定める区域内に設定される場合に限って、国内の募集型企画旅行、受注型企画旅行、手配旅行を実施することができます。また、受託販売については、地域の限定なく、取り扱うことができます。

3　営業保証金、基準資産額

　旅行業者の業務の範囲によって、営業保証金や基準資産額についても違いがあります。

　営業保証金とは、旅行業者と旅行業務の取引をした旅行者の保護を図るため、万一の場合のための担保として、旅行業者が一定金額を供託して取引の相手方である旅行者を保護する制度です(詳しくはQ11参照)。営業保証金の最低額は、旅行業者の業務範囲によって異なり、具体的な金額は、年間の取引額に応じて決定されます(旅行業法8条1項)。

　基準資産額とは、旅行業者の安定した経営を維持するために、業務の範囲に応じて有していることが必要とされる資産のことをいいます(旅行業法6条1項8号参照)。

　業務の範囲ごとの営業保証金・基準資産額は〔表2〕のとおりです。

第1章　旅行契約を支える制度

〔表2〕　業務の範囲ごとの営業保証金・基準資産額

業務	営業保証金	基準資産額
第1種旅行業	7000万円以上	3000万円以上
第2種旅行業	1100万円以上	700万円以上
第3種旅行業	300万円以上	300万円以上
地域限定旅行業	100万円以上	100万円以上
旅行業者代理業	不要	問われない
観光圏内限定旅行業者代理業	不要	問われない

　なお、旅行業者代理業者、観光圏内限定旅行業者代理業者には、営業保証金・基準資産額は設けられていません。

4　旅行業者代理業者

(1)　旅行業者代理業

　旅行業者代理業とは、報酬を得て、旅行業者の代理人として、企画旅行や宿泊・運送サービスの手配を行う事業をいいます（旅行業法2条2項）。旅行業者代理業者は、旅行業者と委託契約を結び、その旅行業者（所属旅行業者）の代理人として、委託された範囲内の業務のみを取り扱います。前述のような旅行業者の業務を自ら行うことはできません。

　旅行業者代理業の内容としては、たとえば、所属旅行業者の代理人として旅行者との間で募集型や受注型企画旅行の契約を締結すること、同様に手配旅行契約を締結すること、所属旅行業者が定めた受託旅行業者の契約締結業務を行うことなどがあります。

　旅行業者代理業を行うためには、旅行業者代理業を行う主たる営業所の所在地を管轄する都道府県知事の登録を受ける必要があります。

　2以上の旅行業者の代理業者となることはできず、1つの所属旅行業者の専属として業務を行います（旅行業法6条1項9号）。

　また、旅行業者代理業者が、旅行者に対し、自ら旅行業務を行っていると

誤認させたり、所属旅行業者を誤認させたりする行為は禁じられています（旅行業法14条の3第3項）。

旅行業者代理業者が旅行業務につき旅行者に損害を与えた場合には、所属旅行業者がその損害を賠償する責任を負わなければなりません（同条5項）。ただし、所属旅行業者が、旅行業者代理業者への委託について相当の注意をし、旅行代理業者の行う旅行業務について旅行者に加えた損害の発生の防止に努めたときは、この限りではありません。

(2) 観光圏内限定旅行業者代理業

また、平成20年7月23日に施行された、観光圏の整備による観光旅客の来訪及び滞在の促進に関する法律（観光圏整備法）により、旅行業者代理業の特例として、観光圏内限定旅行業者代理業が新たに創設されました。

この法律により、観光圏整備実施計画による滞在促進地区内の宿泊業者が、観光圏内の宿泊者の旅行について、旅行業者代理業を営むことができるようになりました（観光圏内限定旅行業者代理業者：観光圏整備法12条1項）。観光圏内限定旅行業者代理業者は、旅行業者代理業者と同様に、旅行業者から委託された範囲内の業務を行います。ただし、当該観光圏内限定の旅行に関し、宿泊者と契約を締結する場合に限られています。

観光圏内限定旅行業者代理業を行うためには、観光圏整備実施計画における国土交通大臣の認定を受ける必要があります（同法8条3項）。

また、観光圏内限定旅行業者代理業については、旅行業務取扱管理者に代えて、一定の研修を終了した者を選任することができます（同法12条4項）。

第1章　旅行契約を支える制度

Q10　旅行業協会とは

旅行業協会とはどのような団体で、どのようなことをするのでしょうか。

▶▶▶ Point
・旅行業協会は、旅行業者と旅行者との間のトラブルに対処するための団体です。

1　旅行業協会の趣旨・目的

　旅行業者が関与する旅行が増えるに従って、旅行業者と旅行者との間のトラブルも増え、個々の旅行業者が独自に旅行トラブルに関する苦情の適切な解決を図っていくことが困難となってきました。また、旅行業者の従業員に対する研修についても、個々の旅行業者に委ねるのは限界があるという指摘がなされるようになりました。

　そこで、このような状態に対処すべく、旅行業協会の制度が法定されました。

　旅行業協会とは、旅行業者および旅行業者代理業者を構成員とする一般社団法人であって、観光庁長官の指定を受けたものをいいます（旅行業法22条の2）。

　旅行業協会制度は、旅行業者等により構成された業界団体に、一定の公的業務（旅行業法22条の3）を遂行させることによって、旅行業務の適切な運営を効率的に確保するために設けられたものです。ただし、旅行業者に旅行業協会へ加入する義務はありません。

2 日本旅行業協会と全国旅行業協会

現在、旅行業協会としては、日本旅行業協会（JATA）と、全国旅行業協会（ANTA）の２つがあります。

JATAの会員数は、平成26年12月19日現在で1578社（正会員および協力会員）、ANTAの会員数は、同年12月１日現在で5392社となっています（JATA、ANTAよりそれぞれ聴取）。

3 旅行業協会の業務内容――法定業務

旅行業法22条の３第１号～５号は、旅行業協会の業務内容について、以下のとおり規定しています（これを「法定業務」といいます）。

① 苦情解決業務（後記5参照）
② 研修業務　旅行業協会は、旅行業務取扱管理者をはじめとする旅行業者等の従業員に対する研修を実施しています（旅行業法22条の７）。また、旅行業協会は、旅行業務取扱管理者試験の事務を代行しています（同法25条の２）。
③ 弁済業務　旅行業協会は、旅行業務に関し、構成員である旅行業者または当該旅行業者を所属旅行業者とする旅行業者代理業者と取引をした旅行者に対し、その取引によって生じた債権に関し弁済する業務（弁済業務）を行っています（詳しくはQ11参照）。
④ 指導業務　旅行業協会は、旅行業務の適切な運営を確保するため、旅行業者等に対する指導を行っています。
⑤ 調査・研究・広報業務　旅行業協会は、旅行業務に関する取引の公正の確保、旅行業法および旅行業者代理業の健全な発達を図るための調査・研究・広報を行っています。

4 旅行業協会の業務内容(2)——固有業務（一般業務）

このような法定業務以外にも、旅行業協会は、旅行需要の喚起や旅行業務の改善、行政・自治体に対して意見を述べるなどの固有業務（「一般業務」ということもあります）を行っています。

5 苦情解決業務

苦情解決業務は、旅行業協会が、旅行者または旅行サービスを提供する事業者から、旅行業者が取り扱った旅行業務に関する苦情の申出を受けて、その解決を図る業務です。すなわち、旅行業協会は、苦情を受け付けて、その相談に
応じ、必要な助言を与え（相談業務。後記6参照）、事情を調査し、苦情対象となった旅行業者に対し苦情内容を通知してその迅速な処理を求めます（あっせん業務。後記7参照）（旅行業法22条の6）。

旅行業協会は、構成員となっていない旅行業者等を対象とする苦情解決の申出についても、苦情解決業務を行わなければなりません。ただし、旅行業協会には、事実関係の調査のため、苦情の対象となった旅行業者に対して説明を求めたり、資料の提出を求めたりする権限がありますが、構成員となっていない旅行業者等には、旅行業協会による事実調査に応じる責務がありません。したがって、苦情の解決を求める場合には、相手方である旅行業者が加入している旅行業協会に対して、苦情解決の申出をすることが効果的です。

6 相談業務

旅行者から旅行業協会に苦情の申出があった場合、その旅行業協会の事務局職員が、口頭で旅行者に助言を行い、旅行者が自ら直接旅行会社と交渉す

ることにより、解決を図ることができるようアドバイスします（これを「相談業務」といいます）。

7 あっせん業務

　旅行者が直接旅行業者と交渉しても解決がつかない場合は、旅行業協会が、旅行者と旅行業者との間に入って双方の話し合いを促進し、苦情解決のための仲介を行います（これを「あっせん業務」といいます）。また、相当期間あっせん業務を行っても解決しない場合で、旅行業協会が適当と認めた苦情については、調停を申し立てることができます。

8 苦情解決業務についての留意点

　旅行業協会の行う苦情解決業務は、あくまでも当事者双方の話し合いによる円満な紛争解決を促進しようとするものにとどまります。旅行業協会が旅行者の代理人として旅行業者と交渉したり、旅行業者に対して一定の行為をするように命令したりすることはありません。そのため、旅行者と旅行業者との歩み寄りがみられない場合には、苦情解決業務での解決はできないことになります。

Q11 旅行業者の倒産と営業保証金制度

> 私は、ある旅行業者が企画したヨーロッパ周遊のパック旅行を申し込み、その旅行代金を出発前に全額支払いました。ところが、その旅行業者は倒産してしまい、結局、旅行には行けませんでした。旅行代金を返してもらうことはできないのでしょうか。

▶▶▶ Point

① 旅行業者が契約に違反して旅行を実施しなかった場合、旅行代金を支払った旅行者は、営業保証金制度・弁済業務保証金制度により返金を受けることができます。

② 弁済業務保証金制度に上乗せした返済を行うための制度として、ボンド保証制度があります。

1 被害の実情

旅行業者や旅行業者代理業者は、施設の規模が小さくても、その取り扱う金額はかなり大きくなることが通常ですので、いったん倒産となると、相当な被害が生じます。

旅行業者の倒産動向に関する帝国データバンクの調査結果によると、平成13年から平成23年までの状況をみても、毎年28以上の旅行業者が破産しており、決して他人事として済ませられない現実が存在します。

2 旅行業者により損害を被った場合の旅行者の保護の制度

(1) 旅行業者に直接請求する方法

旅行業者と旅行契約を締結したにもかかわらず、旅行業者が契約に違反し

て旅行を実施しない場合、旅行者は、その旅行業者に対して、債務不履行（契約どおりに義務を果たさないこと）による損害賠償を求めることができます。したがって、旅行契約を締結して代金も支払ったのに旅行が実施されないまま旅行業者が倒産してしまった場合には、その旅行代金の返還を求めることができ、場合によっては慰謝料を請求する権利もあります。しかし、倒産により、現実に金銭を回収することは非常に困難となってしまいます。

(2) 保証制度により回収する方法

旅行業法は、一定の要件の下に、旅行者を保護する方策を設けています。それが「営業保証金」制度や「弁済業務保証金」制度です。旅行業者が旅行を実施しなかったとき、旅行代金を支払った旅行者は、最低限、この営業保証金・弁済業務保証金から返金を受けることができます（なお、旅行業者の倒産以外の場合にもこれらの制度を利用することができます）。

もっとも、現行の営業保証金・弁済業務保証金の額は低額であるため、旅行業者が倒産した場合に、旅行者は旅行代金全額の補償を受けることができない実情にあります。

このような現状の改善に向けて、日本旅行業協会および全国旅行業協会は、弁済業務保証金制度に上乗せした保証を行うための制度として、「ボンド保証」制度（任意加入。後記5参照）を設けています。これにより、旅行者に対する一層の保護が図られています。

3 営業保証金制度

(1) 営業保証金制度の概要

旅行業者は、旅行業の登録をした後、速やかに営業保証金を最寄りの法務局（供託所）に供託し、登録行政庁に供託書の写しを添付して届け出る義務があります（旅行業法7条）。そして、旅行業者と旅行業務に関して取引をした旅行者は、その取引によって生じた債権に関し、当該旅行業者が供託している営業保証金について、その債権の弁済を受ける権利を有しています（同

第1章 旅行契約を支える制度

法17条1項)。

これにより、倒産した旅行業者から旅行代金の返還を受けられない旅行者は、その旅行業者が供託している営業保証金から旅行代金の返済(配当)を受けることができるようになっています。

(2) 営業保証金を受け取る手続

営業保証金から旅行代金の返済(配当)を受けるには、被害を受けた旅行者から、当該旅行業者が登録をしている登録行政庁(観光庁または都道府県知事。Q9参照)に対して、申立書を提出します。その際、旅行者は、自己が権利を有することを証する書面(たとえば、旅行会社の発行した領収書、金融機関発行の旅行会社への振込金受取書、旅行申込書、条件説明書、契約書など)を添付しなければなりません(旅行業者営業保証金規則2条1項・2項)。

この申立てがなされた場合、登録行政庁は、営業保証金につき権利を有する者に対し、60日以上の一定の期間内に権利の申出をすべきことおよびその期間内に申出をしないときは配当手続から除斥されるべきことを公示し(同規則2条3項)、権利の調査を行います(同規則3条)。その結果、配当金額が決定されると、登録行政庁から「証明書」(供託規則29号書式)が被害を受けた旅行者に送付されてきますので、それを営業保証金が供託されている法務局に持参すれば、払渡しを受けることができます。

ちなみに、営業保証金の額は、旅行業者の年間取引額により異なりますが、最低額は〔表3〕のとおりとされています(施行規則7条・別表)。

〔表3〕 営業保証金の最低額

登録の別	年間取引額	営業保証金
第1種旅行業	70億円未満	7000万円 (1400万円)
第2種旅行業	7億円未満	1100万円 (220万円)
第3種旅行業	2億円未満	300万円 (60万円)
地域限定旅行業	5000万円未満	100万円 (20万円)

※ ( )内は弁済業務保証金

4 弁済業務保証金制度

(1) 弁済業務保証金制度の概要

　旅行業者は、旅行業協会に加入する際に、営業保証金の5分の1を旅行業協会に分担金として納付しなければなりませんが（旅行業法22条の10第1項）、これを旅行業協会が「弁済業務保証金」として供託することにより（同法22条の8）、旅行業者の営業保証金を供託する義務が免除されることになっています（ただし、旅行者は、営業保証金が供託されている場合と同様に保護されます）。

　弁済業務保証金分担金を納付した旅行業者（これを、旅行業法では「保証社員」と呼んでいます（同法22条の9））と旅行業務に関し取引をした旅行者は、未返還の旅行代金などその取引によって生じた債権に関し、旅行業協会が供託している弁済業務保証金から、弁済業務規約で定める弁済限度額を上限（営業保証金の額と同額）として弁済を受ける権利を有し、その旅行業者が加入している旅行業協会の認証を受けて、その旅行代金の返済（配当）を受けることになります（同法22条の9第1項・2項・5項）。

　弁済を受けられなかった分については、旅行業者が破産、民事再生、会社更生等の倒産処理の法的手続をとった場合は、この手続の中で旅行業者の財産の中から債権額の割合に応じて支払われることになります。ただし、残金について弁済を受けることは極めて困難というのが現状です。

(2) 弁済業務保証金を受け取る手続

　弁済業務保証金から旅行代金の返済（配当）を受ける手続は、当該旅行業者が加入している旅行業協会の定める弁済業務規約に従い、その旅行業協会に対し、認証申出書を提出して行います（施行規則45条）。弁済業務規約では、旅行申込書の控えや領収書のほか、債権額や取引経過を記載した書面の添付が求められ、添付書類が外国語の場合は、日本語の訳文を添付すべきとされているようです。しかし、このような訳文は旅行者にとって負担が大き

く、改善される必要があるところです。

　認証を受けた旅行者は、法務局から弁済を受ける手続を旅行業協会に委任することができます。委任した場合には、後日、旅行業協会から旅行者の指定銀行口座に送金がなされます（弁済業務規約による）。

　ところで、旅行業協会は、通常の認証の申出に対しては、受理した順序に従って処理することになっています（施行規則47条1項）が、最初の認証の申出のあった日から60日を経過した日までになされた申出については同時に受理されたものとみなすものとし、早い者勝ちにならないよう、公平を図っています（施行規則47条2項）。したがって、最初の認証申出があった日から60日以内に認証の申出をしておけば、第1順位で弁済を受けられることになります。最初の認証申出が受理された日から60日以内になされた認証申出の債権額が弁済限度額を超えるときは、弁済限度額の範囲内で、債権額の割合に応じて認証がなされます。

　旅行業者が営業保証金を供託しているか、それとも旅行業協会に加入して弁済業務保証金制度を利用しているかについては、旅行業者のパンフレットや約款を見るか、旅行業協会に問い合わせればわかります。

5　ボンド保証制度

　ボンド保証制度とは、旅行業協会の正会員（保証社員）のうち、海外企画旅行（募集型）を実施する第1種旅行業者が任意に加入するもので、弁済業務保証金制度に加算して、旅行業者の負担により一定額の「ボンド保証金」を旅行業協会にあらかじめ預託し、その旅行業者と取引をした旅行者に対して旅行業協会が弁済することになった場合、弁済業務保証金と「ボンド保証金」の合計額を実際の弁済限度額とすることで消費者保護を拡充する制度です（加入が強制されているわけではありません）。

　ボンド保証制度の弁済を受けることができる旅行者の範囲は、ボンド保証金を預託した旅行業者と取引をした旅行者に限られますが、対象となる旅行

の種類については、海外旅行に限られるものではなく、国内の企画旅行や手配旅行など、当該旅行業者との間でなされた旅行契約のすべてが弁済の対象とされています。

ボンド弁済の限度額は、旅行業者の年間パックツアー取引予定額の１％程度と考えておけばよいでしょう。

ボンド弁済の申請については、弁済業務保証金についての認証申出と同時に行うこととされています。

旅行業者を選択するときに、ボンド保証制度に加入しているかどうかも１つの参考にするとよいでしょう。

6　旅行業者代理業者が倒産した場合はどうなるか

　旅行会社と呼ばれている業者には、他の旅行業者の代理店としてのみ営業し、自らは旅行契約の主体とならない「旅行業者代理業者」もあります（旅行業法２条２項、Ｑ９参照）。旅行業者代理業者の場合は、旅行業者の代理人として契約するだけですので、営業保証金を供託する義務はありません。

　倒産したのが旅行業者代理業者である場合には、旅行者としては、旅行業者の代理人である旅行業者代理業者にお金を支払ったのですから、法律的には旅行業者に直接支払ったことになります。したがって、旅行業者に対して旅行に参加させるように要求することができます。旅行業者がこれを拒否すれば、旅行業者の債務不履行となり、契約を解除して旅行業者に対して代金の返還請求をすることはもちろん、損害賠償を請求することもできます（旅行業法14条の３第５項、Ｑ９参照）。

第1章　旅行契約を支える制度

Q12　行政処分、刑事罰

問題のある旅行業者に対して、行政の監督はどのようにされているのでしょうか。また、どのような刑事罰を受けるのでしょうか。

▶▶▶ Point
・旅行業法に基づく行政処分（命令、登録取消し）、条例に基づく措置、刑事罰（罰金刑）等があります。

1　行政処分の内容

旅行業法では、観光庁長官は、旅行業者の業務の運営に関し、取引の公正、旅行の安全または旅行者の利便を害する事実があると認めるときは、旅行業者に対し、必要に応じ、旅行業務取扱管理者の解任、旅行業務取扱いの料金変更、約款の変更、企画旅行実施に関して施行規則が規定する措置の確実な実施、旅行者への損害賠償のための保険契約の締結、その他の業務改善についての命令を発することができるとされています（同法18条の3）。

そして、その命令に従わない旅行業者には、6カ月以内の期間を定めて、業務の一部または全部の停止命令を出したり、旅行業者としての登録を取り消したりすることができます（旅行業法19条1項）。

旅行者としては、問題のある旅行業者について、観光庁に情報提供し、このような行政処分を促すことも考えられます。ただし、旅行業法上は、旅行者が直接、観光庁長官に対して、このような行政処分をなすべきことを求める制度までは規定されていません。

2 条例の活用

　多くの都道府県や政令指定都市の消費者保護条例（名称は都道府県によって異なります）には、消費者が知事等に対し、問題のある業者について、その旨を申し出て、適切な措置をとるべきことを求めることができ、知事等は必要な調査や措置を行うものとする制度が設けられています（兵庫県消費生活条例17条、東京都消費生活条例8条、大阪府消費者保護条例33条等）。

　新たな消費者被害を防止するため、行政機関に対し、直接、問題のある業者に何らかの措置をとるよう求めたいと考える場合は、このような条例を調べてみるとよいかもしれません。

3 刑事罰

　旅行業法には、行政処分ではなく刑事罰も定められています。

　無登録業者や名義貸し業者には100万円以下の罰金（旅行業法29条）が科されます。また、旅行業務取扱管理者の不選任、料金や約款の掲示・備置義務違反、契約書面の不交付や虚偽記載、広告の必要記載事項不表示、誇大広告、旅行業の別等の標識の営業所不掲示、業務改善命令等違反に対しては、30万円以下の罰金（同法31条・33条）等が科されます。

第1章 旅行契約を支える制度

Q13　トラブルが起きた場合の対応策

> 私は、パック旅行中にトラブルにあい、旅行業者に苦情を申し出ました。しかし、旅行業者からは誠意のある対応がなされず、話し合いになりません。どうしたらよいですか。

▶▶▶ Point
・旅行業協会や消費生活センター、弁護士への相談、場合によっては裁判手続や裁判外紛争解決手続（ADR）等の利用が考えられます。

1　旅行業協会や消費生活センターへの相談

(1)　旅行業協会への相談

　日本旅行業協会と全国旅行業協会は、法定業務の1つとして、旅行者（消費者）からの苦情の解決業務を行っており（Q10参照）、国内の旅行業者との間のトラブルについては、無料で消費者相談（主に電話相談）に応じてくれます。内容によっては、旅行業者との解決に向けたあっせんを行ってくれますから、特に上記のいずれかの協会の会員である旅行業者とのトラブルである場合には、一定の解決に至る可能性が高いといえるでしょう。

　しかし、旅行業協会は、あくまで解決のための助言や援助をする立場にあり、旅行者・旅行業者の双方に対して、事実認定をしたり、解決策の受入れを強制したりできるわけではありません。どうしても双方の主張が対立したまま解決の見込みが立たない場合は、裁判所での手続を考慮することになるでしょう。

(2) 消費生活センターへの相談

　また、各地の消費生活センターでも、電話や面談による消費者相談（無料）により、助言を受けることができます。旅行トラブルの相手方が旅行業者以外の交通機関・ホテル・観光施設等の場合でも、相談に乗ってもらうことができます。場合によっては、消費生活センターが相手方事業者との話し合いを進めてくれることもあります。

2　弁護士への相談

　弁護士に相談したり、場合によっては内容証明郵便の送付や示談交渉などの委任をしたりすることもできます。

　相談する弁護士の心あたりがない場合は、多くの地方自治体で行っている無料法律相談のほか、各地の弁護士会で行われている有料の法律相談を利用することができます。費用の支払いが困難な方は、法テラス（日本司法支援センター）による支援制度を利用することが可能です。

　直接旅行業者に苦情を述べたり、あるいは旅行業協会等に相談しても納得できなかったりして、話し合いによる解決が困難な場合などは、弁護士に相談することをお勧めします。最終的に裁判で争う場合の見込み等について弁護士の意見を聞くことにより、その後の方針を検討しやすくなるでしょう。

3　裁判手続──調停、訴訟

　裁判所の調停委員を介して話し合うことで解決の可能性がある場合は、管轄の簡易裁判所に対し、調停の申立てをすることができます（民事調停法参照）。裁判所での調停が成立した場合に作成される調停調書には、判決と同じ執行力があります（同法16条）。

　どうしても互いの主張が折り合わず、話し合いによる解決ができない場合は、訴訟によるほかありません。原則として、訴額が140万円を超える場合であれば地方裁判所、140万円以下の場合であれば簡易裁判所に訴訟提起を

します。

　60万円以下の金銭の支払いを求めるケースであれば、簡易裁判所での少額訴訟という簡便な裁判手続を選択することもできます。少額訴訟では、原則として、１回の口頭弁論期日で、判決の言渡しまで行われることになります。

4　弁護士会紛争解決センター等の利用

　弁護士の法律相談の際に、弁護士会の紛争解決センター等の利用を勧められることがあるかもしれません。

(1)　弁護士会のADR

　ADRとは、裁判外紛争解決手続のことです。「Alternative（代替的）」「Dispute（紛争）」「Resolution（解決）」の頭文字をとって「ADR」と略称されています。

　裁判に比べると手続が簡易であること、短期間での解決を目的としていること、費用が安く済むことなどの特徴があります。

　最近、ADRの有用性が認識されており、各地の多くの弁護士会で、柔軟な手続により、短期間に合理的な費用で、公正に民事紛争を解決することを目的として、紛争解決センターが設置されています（あっせん・仲裁センター、民事紛争処理センターなど、名称はさまざまです）。

　旅行に関するトラブルは、少額の事件であることが多く、法律の厳格な適用によらない、柔軟な代償方法による解決が適切な場合も多くあるでしょうから、当事者双方が問題解決をめざしているならば、弁護士会のADRによる解決が適している事件といえるでしょう。

　弁護士会の紛争解決センターは、簡易裁判所での調停と同様、まずは話合いによる解決を探るのですが、裁判所の調停委員が必ずしも十分な法的知識がない場合があることと比較して、法的な専門知識をもつ熟練した弁護士が話合いを仲介することが特色です。話し合いがまとまれば和解契約書が作成

されます。

その弁護士会がADR法の認証を受けている場合は、調停申立てと同様、時効中断の法的効果もあります（同法25条）。

(2) それ以外のADR

また、弁護士会が設置した紛争解決センター以外にも、旅行に関するトラブルを扱うADR（たとえば、国民生活センターが設置したADR（紛争解決委員会）や、立教大学が設置したADR（観光ADRセンター））がありますので、状況に応じてこのようなADRを利用してもよいかもしれません。

(3) ADRで解決が図れなかった場合

ADRは、調停と同じように、話し合いでの解決を図る手続ですから、お互いの主張が折り合わず、話し合いによる解決ができないときは、訴訟に委ねるほかありません。

第2章

旅行契約の成立をめぐる相談

第2章　旅行契約の成立をめぐる相談

Q14　旅行契約の成立時期とキャンセル料

　私は、旅行業者に、電話でパック旅行の申込みをしました。その後、申込書の送付も申込金の支払いもしないうちに１週間が経過してしまいましたが、私の都合で旅行の申込みを取り消しました。ところが、旅行業者から、キャンセル料の請求書が送られてきました。私は、この旅行業者の請求に、応じなければならないのでしょうか。

▶▶▶ Point

① 　旅行契約は、申込金の支払い時に成立します。したがって、申込金の支払い前であれば、キャンセル料を支払う必要はありません（Q15・Q16参照）。
② 　クレジットカードで決済を行ったインターネット等を利用した契約の場合には、直ちに契約が成立しますので、注意が必要です。

1　旅行契約の成立 ── 申込金の受理が要件

　旅行の申込みを取り消した際、キャンセル料支払義務が発生するか否かは、旅行契約の成立時期がいつかと表裏の問題です。
　民法では、契約は、原則として当事者双方が合意した（口頭も含む）時に成立します（諾成契約）。ここにいう合意とは、厳密にいうと、「申込み」と「その申込みに対する承諾」があることを指します。したがって、契約書の作成はもちろん、金銭の支払いや物の受渡しも、契約成立の要件となっていません。

しかし、旅行契約に関しては、約款で、この原則が修正されています。パック旅行（募集型企画旅行契約）を申し込むには、申込書の記入・提出とともに申込金の支払いが必要とされていますし（募集型約款5条1項）、契約成立には、当事者間の合意のみでは足りず、提出された申込金の受理が必要とされているのです（同約款8条1項）。このように、契約成立の要件として当事者の合意以外に金銭の支払い等が必要な契約を「要物契約」といいます。

なお、募集型約款8条によると、申込書の提出は、旅行契約成立の要件とまでは考えられていないようです。しかし、同約款5条1項で申込金とともにその提出が要請されていることからすれば、旅行者の申込意思を明確にし、後日の紛争を予防するためにも、旅行業者は可能な限り旅行者に申込書を記入・提出させるべきです。

2　旅行契約が要物契約とされている理由

旅行契約の商品である「旅行」は、高額なうえ、物のように目に見えるものではなく、しかも出発のかなり前の時点で申し込む必要があります。このような旅行契約の性質から、旅行者が旅行契約を締結するには慎重な検討を求められます。金銭の支払いまでなされていれば、旅行者は実際に旅行契約を締結する意思を有していると評価するべきでしょう。このように、申込金の支払いは、旅行者の旅行契約締結意思の明確な現れと考えられるのです。こうして、約款は、旅行契約を、申込金の支払いがなければ旅行契約の申込みは成立しないという要物契約とすることで、旅行者を保護しているのです。

3　申込み後、いまだ契約の成立に至らない段階の法律関係

前述のとおり、旅行者は、契約の申込みをするには、旅行業者所定の申込書に必要事項を記載し、申込書と旅行業者が定める金額を旅行業者に提出し

なければなりません（募集型約款5条1項）。そして、旅行業者側が、提出された申込書の記載内容で契約を承諾し、申込金を受理した時に旅行契約が成立するのです（同約款8条1項）。

ところで、旅行契約については、申込書を作成して交付するという方法だけでなく、電話、郵便、ファクシミリ、インターネット等による申込みも受け付けられます。

このように、申込金の支払いなしに申込みがなされた場合、法的には、旅行契約の「予約の申込み」として取り扱われることになります。この段階では、旅行契約は成立していません。

こうして予約の申込みがなされ、旅行業者が承諾の通知をした場合、旅行業者が定める期間内に、申込書・申込金の提出または会員番号の通知がなされないと、予約はなかったものとして取り扱われます（募集型約款6条）。

旅行業者の中には、旅行者が電話で申込みをした後、いまだ申込書も申込金も提出していない段階での取消しに対して、「航空券を手配してしまっている」などとしてキャンセル料の支払いを請求してくる業者もいるようです。しかし、パック旅行において、すでに航空券の手配がなされたとしても、申込書の提出も申込金の支払いもない予約段階では旅行契約自体が成立していないのですから、「航空券を手配してしまっているからキャンセル料を支払え」というような要求はできないことになります。

4 旅行業務内容の確認と取引条件説明書の交付

旅行業者側は、旅行契約を締結しようとする段階で、旅行者に対して、その申し込もうとする旅行業務の内容を確認し、旅行契約の取引条件について書面（取引条件説明書）を交付して説明しなければなりません（旅行業法12条の4第1項・2項）。つまり、旅行業者には、旅行者が申し込もうとする旅行の目的地や日程、代金などといった契約内容を、旅行者に確認・説明することが、書面交付の形で要請されているのです。説明は、旅行業者の窓口で

受ける必要はなく、郵送による書面交付のみでもかまいません。また、その書面は、独立した様式をとる必要はなく、パンフレットに記載していてもかまいません。さらに、旅行者が承諾すれば、電子メールでの送信も可能です（同条3項）。

　旅行業法12条の4の規定に違反した旅行業者は、業務改善命令等の行政処分の対象になります（同法18条の3・19条1項1号）。ただし、注意が必要なのは、旅行業務内容の確認と旅行取引条件説明書の交付が、明文上、旅行契約成立の要件とされていないことです。これは、旅行業法が、監督官庁による旅行業者への規制を定めた法律であることから、旅行業者と旅行者の契約内容に関しては直接に適用されないためです。しかし、旅行申込みの意思表示をするにあたって、旅行業務内容の確認や旅行取引条件の説明は非常に重要ですので、これらが不十分であった場合、原則として契約は不成立と考えるべきでしょう。

5　注意点――申込金の受理なしに契約成立が認められる場合

(1)　クレジットカードを利用して申し込んだ場合

　インターネットや郵便・電話等で旅行契約を申し込み、クレジットカードで引落決済する場合（通信契約、募集型約款2条3項等）には、注意が必要です。

　通信契約においては、旅行者がクレジットカードの会員番号など必要事項を旅行業者に通知して申込みをすれば、申込金の提出がなくとも、旅行業者が承諾することで契約が成立します（募集型約款5条2項・8条2項）。したがって、通信契約の場合には、申込金の支払いをしていないにもかかわらず旅行契約は成立し、旅行業者からの承諾があった以降のキャンセルにはキャンセル料がかかってしまうのです（Q21参照）。

(2)　その他の場合

　団体・グループの受注型企画旅行契約の場合は、団体・グループの責任者

に対して、旅行契約を締結する旨の書面を交付することにより、申込金の授受なしに契約を成立させることができることになっています（受注型約款23条1項・2項）。

また、旅行業者が旅行者から頼まれて、交通機関や宿泊の手配を行うことを引き受ける手配旅行契約の場合も、書面による特約があるときは、申込金の授受なしに契約を成立させることができます（手配約款8条1項）。

6　ご質問の場合

ご質問の場合、電話で申し込んだ後、申込書も申込金も提出していないわけですから、いまだ契約は成立しておらず、そのまま旅行業者が定める期間を経過すると、予約がなかったものとして扱われることになります（募集型約款6条1項・8条1項）。

キャンセル料は、契約が成立して初めて請求できるものですから、契約がいまだ成立していないご質問のケースでは、旅行業者がキャンセル料を請求することはできないことになります。

Q15　キャンセル料の発生時期と金額

> パック旅行の申込みをして、申込金を支払いました。しかし、後日、急用ができてしまい、旅行をキャンセルしなければなくなりました。このような場合、キャンセル料を支払わなければならないのでしょうか。

▶▶▶ Point

① キャンセル料は、約款の定める範囲内で、当事者が契約した内容により決まります。
② 契約に基づいて支払うべきキャンセル料の額は、旅行の内容や時期などの諸要素を考慮して旅行業者に生じる「平均的な損害」を超えることはできません。

1　約款と各旅行業者が定める規定

　パック旅行の契約が成立した後、旅行者は、いつでも、キャンセルの時期に応じて旅行業者の定めたキャンセル料を負担すれば、一方的に契約を解除することができます（募集型約款16条1項）。

　そして、旅行者が支払うキャンセル料については、募集型約款の別表第1において、〔表4〕のような内容が定められています。

　旅行業者は、この約款の定める範囲内で、たとえば〔表5〕のような内容のキャンセル料を定めたりしており、これが契約の内容になっています（なお、旅行業者は、このキャンセル料の内容について、取引条件説明書面や契約書面に明示しなければなりません）。

　したがって、ご質問のように旅行者側の都合でキャンセルする場合には、

第2章 旅行契約の成立をめぐる相談

〔表4〕 取消料

① 標準旅行業約款・国内旅行に係る取消料（貸切船舶を利用する場合を除く）

イ　旅行開始日の前日から起算してさかのぼって20日目（日帰り旅行にあっては10日目）に当たる日以降に解除する場合（ロからホまでに掲げる場合を除く。）	旅行代金の20％以内
ロ　旅行開始日の前日から起算してさかのぼって7日目に当たる日以降に解除する場合（ハからホまでに掲げる場合を除く。）	旅行代金の30％以内
ハ　旅行開始日の前日に解除する場合	旅行代金の40％以内
ニ　旅行開始当日に解除する場合（ホに掲げる場合を除く。）	旅行代金の50％以内
ホ　旅行開始後の解除又は無連絡不参加の場合	旅行代金の100％以内

② 標準旅行業約款・海外旅行に係る取消料（船舶または貸切航空機を利用する場合を除く）

イ　旅行開始日がピーク時の旅行である場合であって、旅行開始日の前日から起算してさかのぼって40日目に当たる日以降に解除するとき（ロからニまでに掲げる場合を除く。）	旅行代金の10％以内
ロ　旅行開始日の前日から起算してさかのぼって30日目に当たる日以降に解除する場合（ハ及びニに掲げる場合を除く。）	旅行代金の20％以内
ハ　旅行開始日の前々日以降に解除する場合（ニに掲げる場合を除く。）	旅行代金の50％以内
ニ　旅行開始後の解除又は無連絡不参加の場合	旅行代金の100％以内
㊟　「ピーク時」とは、12月20日から1月7日まで、4月27日から5月6日まで及び7月20日から8月31日までをいいます。	

〔表5〕 海外旅行のキャンセル料金規定の例

旅行契約の解除期日	取消料
旅行開始日がピーク時の旅行である場合であって、旅行開始日の前日から起算してさかのぼって40日目にあたる日以降31日目にあたる日まで	旅行代金の10％（最高5万円まで） 　ピーク時とは、12月20日から1月7日まで、4月27日から5月6日まで及び7月20日から8月31日までをいいます。
旅行開始日の前日から起算してさかのぼって30日目にあたる日以降3日目にあたる日まで	旅行代金が30万円以上：5万円 旅行代金が15万円以上30万円未満：3万円 旅行代金が10万円以上15万円未満：2万円 旅行代金が10万円未満：旅行代金の20％
旅行開始日の前々日および前日	旅行代金の30％
旅行開始日当日	旅行代金の50％
旅行開始後又は無連絡不参加	旅行代金の100％

まず旅行パンフレット等に記載してあるキャンセル料の一覧表を見て、キャンセル料の支払いが必要な時期なのか、必要だとして支払うべきキャンセル料がいくらなのかを確認してみてください。

2 受注型企画旅行や手配旅行の場合

　同じ企画旅行でも、受注型企画旅行契約においては、募集型企画旅行と同様のキャンセル料に加えて、企画料金に相当する額のキャンセル料が、契約成立後直ちに発生します（受注型約款16条1項・別表第1）。企画料金とは、旅行代金のうち企画に関する取扱料金のことを指します（同約款5条2項）。

　一方、手配旅行契約においては、手配を求めた旅行サービス自体について各サービス主体が定めているキャンセル料を負担するほか、旅行業者所定の取消手続料および旅行業者が得るはずであった取扱料金を支払わなければならないとされています（手配約款13条2項）。

　そして、具体的には、これら約款の定める範囲内で、それぞれの旅行業者の規定するところに従うことになりますが、これらの旅行の場合には、パック旅行の場合に比べて、契約成立後直ちにキャンセル料の負担が生じる可能性が高いので、契約成立前に、キャンセルの規定を特によく確認しておくべきでしょう。

3 キャンセル料と消費者契約法9条1号

　このように、旅行者が旅行契約を解除するにあたってキャンセル料を支払わなければならないかどうかは、旅行契約において定められるわけですが、旅行契約も消費者である旅行者と事業者である旅行業者との間に締結された「消費者契約」であることから、消費者契約法の規制に服することになります。

　そして、キャンセル料に関する契約条項については、消費者契約法9条1号の「当該消費者契約の解除に伴う損害賠償の額を予定し、又は違約金を定める条項であって、これらを合算した額が、当該条項において設定された解

除の事由、時期等の区分に応じ、当該消費者契約と同種の消費者契約の解除に伴い当該事業者に生ずべき平均的な損害の額を超える」部分を無効とする、との規定がかかわってきます。

　この規定は、消費者契約が解除される場合に、消費者が支払うキャンセル料などの損害賠償額をあらかじめ高額に設定することによって消費者に事実上契約の解除を行わせなかったり、また、消費者に不当に重い金銭的負担を負わせることを防ぐために設けられたものです。

　旅行約款によるキャンセル料の上限の定めや旅行契約によるキャンセル料の定めは、いずれも、この消費者契約法9条1号に適合するものでなければなりません。

4　キャンセルによって生じる「平均的な損害」

　キャンセル料の規定が消費者契約法9条1号に適合しているかどうかについては、旅行者による旅行契約の解除により旅行業者に生じる「平均的な損害」をどう考えるかが問題になります。

　この「平均的な損害」については、たとえば東京地裁平成14年3月25日判決（判タ1117号289頁）は、店舗でパーティを行う契約を解除したという事案において、「当該消費者契約の当事者たる個々の事業者に生じる損害の額について、契約の類型ごとに合理的な算出根拠に基づき算定された平均値であり、解除の事由、時期の他、当該契約の特殊性、逸失利益・準備費用・利益率等損害の内容、契約の代替可能性・変更ないし転用可能性等の損害の生じる蓋然性等の事情に照らし、判断する」としています。

　この点を旅行契約についてみると、キャンセルにより旅行業者に生じると考えられる具体的な損害としては、たとえば、次のようなものが考えられます。

① キャンセルされるまでに旅行の手配等必要な準備を行ったことによる損害
② 旅行の解除のための事務手続を行ったことによる損害
③ 手配が完了していた宿泊施設や交通機関に対して支払わなければならないキャンセル料などの損害
④ キャンセルされた契約に代わる契約を獲得できなくなることによる損害

したがって、旅行契約のキャンセル料についても、旅行の内容(期間など)、解除された時期、解除までに旅行業者が負担した費用および旅行者に提供済みのサービスの対価の有無、解除後に旅行業者が負担する費用の有無・程度、他の旅行者との旅行契約締結機会の喪失の有無・程度などを考慮して算出された「平均的な損害」を超えているかどうかを検討する必要があります。

5 キャンセル料が生じるのはいつからか

募集型約款16条1項・別表第1によれば、海外旅行については、ピーク時は旅行開始日の40日より前、それ以外の時期は30日より前にキャンセルする場合には、キャンセル料を支払わずに旅行契約を解除することができるとされています。

これは、旅行開始日から相当程度前にキャンセルがされた場合については、キャンセルまでに旅行業者が負担する費用、旅行者に提供済みのサービス、キャンセルを受けた旅行業者が負担する費用がほとんど考えられず、また、キャンセル後に他の旅行者と契約することが可能なので、類型的に「平均的な損害」が発生しないと考えられるからです。

もっとも、このような観点からすれば、ピーク時の旅行の場合のキャンセル料の発生時期を、通常の場合より10日間早めている規定については、その合理性に疑問があります。ピーク時のキャンセル料の発生時期を通常の場合

よりも早めているのは、ピーク時には旅行者の多くがキャンセル料のかかる日の直前まで複数の旅行業者をかけもち契約する状況があるために導入されたもののようです。しかし、ピーク時は、仮にキャンセルがあったとしても他の旅行者と契約できる可能性は通常時期よりも高くなりますから、キャンセルによって旅行業者に生じる損害を回避ないし軽減できる可能性も高くなるはずです。したがって、ピーク時のキャンセルの場合には、通常時期よりも10日間早く旅行業者に損害が発生するというべきその他の事情がなければ、このような早期のキャンセル料の発生について「平均的な損害」と評価することは困難であると思われます。

6 旅行開始後のキャンセル料

標準旅行業約款では、旅行開始後の解除の場合には、100％のキャンセル料を支払わなければならないとしています。

しかし、旅行期間などの内容のいかんを問わず、旅行開始後であるとの理由だけで、キャンセル料として旅行の全行程にかかる代金相当額を取得できるとするのは不当であると考えられます。

Q16 旅行業者の定休日に契約をキャンセルできるか

　私は、友人と一緒に、今週の金曜日からイタリアパック旅行に参加する予定でしたが、急な仕事が入り、旅行をキャンセルすることになりました。契約書では、旅行開始日の3日前の夕方6時までのキャンセルであればキャンセル料は旅行代金の20％、それ以降なら50％となっていたので、今日（火曜日）中にキャンセルしようと思い、旅行代理店に電話をしました。ところが、留守番電話のアナウンスが流れ、今日は旅行業者の定休日だというのです。契約書等には、20％以内のキャンセル料で済む期間の最後の日が旅行業者の休業日であった場合の取扱いについては書かれていません。この場合、キャンセル料はどうなるのでしょうか。

▶▶▶ Point
① キャンセル日は原則として、キャンセルの連絡が旅行業者に到達した日となります。
② 定休日などにより連絡ができなかった場合には、信義則上、旅行者の連絡をしようとした日が、キャンセル日となります。

1　旅行者からキャンセルする場合のキャンセル料

　ここでいう「キャンセル」とは、法律上は契約の「解除」といいます。パック旅行の契約の解除については募集型約款16条1項に規定されており、別表第1において旅行者が旅行契約をキャンセルした場合のキャンセル料

（約款上は「取消料」といいます）が規定されています（具体的な内容はQ14参照）。

それによると、旅行開始日の何日前にキャンセルするかによってキャンセル料が異なり、3日前にキャンセルすれば旅行代金の20％以内で済みますが、2日前以降になると上限で旅行代金の50％が必要となります。

また、実際は、旅行業者が、標準旅行業約款の定める範囲内で独自にキャンセル料を定めているのが一般的です。この場合も、旅行開始日の何日前にキャンセルするかによって、キャンセル料が変動するのが通常ですが、標準旅行業約款で定められているよりも高額のキャンセル料を規定することはできません（Q15参照）。

ご質問の場合の旅行業者では、標準旅行業約款に規定されているキャンセル料の上限をキャンセル料として採用していると思われます。

2 キャンセル日が定休日だった場合の取扱い(1)──民法142条

ご質問の場合のパック旅行契約では、キャンセル料に関する規定はありますが、20％以内のキャンセル料で済む期間の最後の日に契約解除の連絡を入れたにもかかわらず旅行業者の休業日であった場合の取扱いについては何も記載がないとのことです。また、募集型約款にもこのような場合についての定めはありません。

このような場合、募集型約款1条1項後段が、「この約款に定めのない事項については、法令又は一般に確立された慣習によります」と規定していることから、一般法である民法が適用されると考えられます。

そして、民法141条は、日、週、月または年によって期間を定めた場合は、「期間は、その末日の終了をもって満了する」との原則を定め、その例外として民法142条が、「期間の末日が日曜日、国民の祝日に関する法律に規定する休日その他の休日に当たるときは、その日に取引をしない慣習がある場合に限り、期間は、その翌日に満了する」と規定しています。

この民法142条の適用によって旅行者の救済を図る考え方があります。すなわち、民法142条の規定は、期間の終了日が権利行使の受付がなされない日である場合には、権利行使をする側の利益になるように期間を延長する趣旨であるとして、本件旅行契約においても、定休日の翌日にキャンセルしても定休日にキャンセルしたのと同額のキャンセル料を支払えばキャンセルできると解釈するのです。

　しかし、民法142条が適用されるには、期間の末日が「休日」に該当することが必要とされています。ここでいう「休日」とは、休日であることが一地方の慣習であってもよいが（たとえば、旧正月・旧盆等）、一般に知られたものであることを要すると解されています（通説）。旅行業者の定休日は、旅行業者が独自に定めたものであり、一般に知られた休日であるとは認められません。したがって、民法142条の適用により旅行者の利益になるよう解釈することは難しいでしょう。

3 キャンセル日が定休日だった場合の取扱い(2)――信義則

　ご質問のような場合において旅行者に不利益を与えないようにするためには、他の解決方法を考えてみる必要があります。

　企画旅行契約の法的性質については、大別して「請負契約説」と「準委任契約説」があるといわれています（Q35参照）。いずれの考え方をとるにせよ、民法は、請負契約については仕事の未完成部分について注文者の任意解除権（民法641条）を定め、委任については、将来に向かっての委任者の解除権（同法651条）を定めています。このように請負・委任といった役務提供型の契約について民法上定められている任意解除権は、不必要となったサービスの受領を強制され、その対価として無駄な支払いを強いられる事態を避けるために消費者に認められているものです。

　そして、募集型約款16条1項では、「旅行者は、いつでも別表第1に定める取消料を当社に支払って募集型企画旅行契約を解除することができます」

(傍点編者)と規定されています。同条項が「いつでも」契約を解除できる権利を旅行者に保障しているのは、旅行者が契約解除を決意した以上は、それ以降、無駄な支払いをしなくてもよいようにするためにほかなりません。このような権利を旅行者に保障している以上、旅行業者は、たとえ定休日であっても、旅行者からの解除通知を受け取ることができるように業務体制を整えておく責務があるといえます。

また、旅行業者が旅行者に対して請求することのできるキャンセル料は、解除時点から短期間で他の旅行者を募集することを余儀なくされ、契約獲得の機会が減少したことによる旅行業者の営業上の逸失利益の補償の意味をもっていると考えられます(したがって、キャンセル日が旅行出発日に近ければ近いほどキャンセル料が高額になるよう設定されているのです)。そうすると、旅行業者が自ら定休日を設定して営業をしていない場合にまで、そのような代替的契約獲得の機会が減少したことを理由とする補償を要求する理由はないということになるでしょう。定休日に解除通知が到達したのと同じ扱いがなされれば、補償として十分であるといえます。

以上のことから、旅行業者の定休日がいつであるか、また定休日にキャンセルをするにはどうすればよいかについて説明を受けていなかった旅行者を不利に扱うことは信義則(民法1条2項)に反して認められないといえ、旅行業者が2日前のキャンセルとして高額のキャンセル料を請求することはできないと考えられます。

したがって、ご質問の場合、翌日の水曜日(出発2日前)にキャンセルをしても、キャンセル料は20％でよいことになります。

Q17 団体手配旅行の取消手続の料金

　大学のテニスサークルの代表者をしていますが、このたび1泊2日で合宿をすることになったので、「手配手数料は無料」という宣伝をしていた旅行業者の店舗に出向いて、20名参加と想定し、1人1泊5000円で、テニスコートが近隣にある旅館の宿泊を申し込み、申込金1万円を支払いました。ところが、10名しか参加希望者が集まらず、キャンセルを申し出たところ、旅行業者からは、宿泊予定日の約1カ月半も前にキャンセルするにもかかわらず、1人あたり1500円、合計3万円のキャンセル料の請求がありました。このようなキャンセル料は支払わなければならないものなのでしょうか。

▶▶▶ Point

① 手配旅行においてキャンセルをする場合には、運送機関・宿泊施設所定のキャンセル料、および、手配旅行契約に基づく旅行業者所定の取消手続料金（キャンセル料）が発生することが一般的です。

② 運送機関・宿泊施設所定のキャンセル料は、旅行者が負担しなければなりません。

③ 旅行業者所定の取消手続料金については、消費者契約法9条1号の「平均的な損害」を超えるものとして、無効となる可能性があります。

1　契約責任者

　本件では、旅行業者と手配旅行契約を締結した当事者は誰なのかが、まず問題になります。

　同じ行程を同時に旅行する複数の旅行者がその責任ある代表者（契約責任

者）を定めて申し込んだ旅行契約については、契約責任者が契約締結に関する一切の代理権を持つことになります（募集型約款21条・22条、受注型約款21条・22条、手配約款18条・19条）。

しかし、本件では、サークル代表者本人を除くその余の19人が、サークル代表者を契約責任者に選任する旨の委任状を旅行業者に提出しているという事情はないようです。そうすると、本件では、20人分の宿泊に関する手配旅行契約が成立していると考えることはできず、サークル代表者1人分の手配旅行契約が成立しているにすぎないと考えられます。そうだとすれば、キャンセル料支払いは、1人分の1500円でよいことになります。

ただ、このテニスサークルが、権利能力なき社団としての実体を備えている場合、すなわち、団体としての組織を備え、多数決の原則が行われ、構成員の変更にもかかわらず団体そのものが存続し、その組織によって代表の方法、総会の運営、財産の管理その他団体としての主要な点が確定している場合（最高裁昭和39年10月15日判決・民集18巻8号1671頁）には、代表者の行為によって、当該団体の名において構成員全体のために権利を取得し、義務を負担することになります。本件のテニスサークルが、権利能力なき社団である場合には、旅行契約の当事者は、当該テニスサークル自体であるということになるのです。

2 手配旅行契約とは

手配旅行契約とは、旅行業者が、旅行者の委託により、旅行者のために代理、媒介または取次ぎをすることなどによって、旅行者が運送・宿泊機関等の提供する運送・宿泊その他の旅行に関するサービスの提供を受けることができるように手配することを引き受ける契約をいいます。

旅行業法施行要領第1・3「手配旅行契約（法第2条第5項）」によると、「手配旅行契約は、旅行業者が旅行者からの依頼により『自己の計算において』ではなく『他人の計算において』旅行サービスを手配する契約であるた

め、旅行者に対しては、運賃・料金、宿泊料その他の運送事業者、宿泊事業者等のサービス提供機関が旅行者に対して支払いを求めているサービスの対価及び旅行業者が手配の対価として収受することができる旅行業務取扱料金の合計額のみを旅行代金として請求することができる」とされています。手配旅行においては、手配手数料、添乗サービス料、旅券・査証の取得といった渡航手続代行手数料などの旅行業務取扱料金については、企画旅行の場合と異なり、包括的に表示することは許されず、内訳の明示が必要であって、契約の種類および内容に応じて、定率、定額その他の方法により旅行者にとって明確に定められて表示されなければなりません（旅行業法12条、施行規則21条）。

③ 手配旅行契約の任意解除

　旅行者は、いつでも手配旅行契約の全部または一部を解除することができます（手配約款13条1項）。

　手配旅行契約の任意解除がなされた場合に旅行者が旅行業者に支払うべき金額は、①旅行者がすでに提供を受けた旅行サービスの費用（運送機関・宿泊施設に対して支払うべき料金）、②旅行者がいまだ提供を受けていない旅行サービスの費用（運送機関・宿泊施設に対して支払うべき違約金等）、③旅行業務の取扱料金（手配手数料）、④手配取消の事務手続に対する対価（取消手続料金）の合計額です（手配約款13条2項）。

　このうち①②の運送機関・宿泊施設に対して支払うべき費用については、手配旅行契約の法的性質が準委任であり、委任事務の処理費用は委任者の負担とされる以上（民法649条・650条）、旅行者は、当然にその支払義務を負うと考えられます。この点について、東京地裁平成23年7月28日判決（判タ1374号163頁）は、手配を依頼されて行ったにすぎない旅行業者が、運送機関・宿泊施設が定めた違約金等の額を争うリスクを負担する理由はなく、運送機関・宿泊施設の違約金等が平均的損害を超えるのではないかといった法

律問題は、旅行業者が収受するキャンセル料の問題に影響しないという趣旨の判断をしています。ただし、運送機関・宿泊施設と消費者たる旅行者との間に直接契約が成立している場合には、旅行者が消費者契約法9条1号違反等を主張して、運送機関・宿泊施設との間でその違約金等の額を争うことは可能でしょう。

　③の手配手数料については、旅行業者が善良な管理者の注意をもって手配をしたときは、たとえ運送機関・宿泊機関との間の契約が締結できなかったときでも収受可能なものであり（手配約款3条）、手配旅行契約が取り消された場合であっても当然に支払義務があります。ただし、手配手数料については、国土交通省令で定める基準に従って定め、営業所内に掲示しなければなりませんし（旅行業法12条）、取引条件説明書面に記載して旅行者に説明しなければなりません。

　④の取消手続料金は、旅行業者が、すでに手配済みの運送機関・宿泊施設に連絡をとって予約を取り消したり、手配途中のものについて手配依頼を取り消す等のキャンセルにかかる事務手続に対する対価です。この取消手続料金は、単なる事務手続費用ですから、そう高額になることはありえません。

　①～④のキャンセル料の内訳については、手配旅行契約を締結した旅行業者は、準委任契約にかかる報告義務（民法645条）の一環として、旅行者に明らかにしなければなりません。

4　消費者契約法9条1号の適用

(1)　「平均的な損害」の額を超えるものといえるか

　本件において、手配旅行契約のキャンセルは、宿泊予定日の約1カ月半前であったということですので、通常、旅館の違約金等は発生していないはずであり、上記の①②の費用は0円であると考えられます。また、③の手配手数料については、もともと無料という約束であったとのことです。そうすると、旅行業者が請求している1人あたり1500円のキャンセル料は、④の取消

手続料金であると考えるほかありません。しかし、上記のとおり、④の取消手続料金は、すでに手配済みの運送機関・宿泊施設に連絡をとって予約を取り消す等の事務手続費用にすぎませんので、これが、旅行代金の30％もの金額になるとはおよそ考えられません。このような高額の事務手続費用は、消費者契約法9条1号所定の平均的損害額を超えるものとして、一部無効になると考えられます。

(2) 消費者契約法が適用される「団体」とは

なお、消費者契約法は、事業者と消費者との間の契約に適用される法律ですので、本件テニスサークルが権利能力なき社団であった場合には、消費者契約法の適用があるかどうかが問題となります。消費者契約法2条2項は、「法人その他の団体」を「事業者」と定めており、これをそのまま読むと、権利能力なき社団は事業者に該当し、消費者契約法による保護を受けられないようにも見えます。しかし、消費者契約法の立法趣旨は、「消費者と事業者との間の情報の質及び量並びに交渉力の格差」の是正にあるため、たとえ権利能力なき社団であっても、本件テニスサークルのように、構成員が若年の大学生であり、サークル自体もスポーツを目的にしており取引経験が不十分である場合には、「消費者」として消費者契約法による保護を受けられると考えるべきです（東京地裁平成23年11月17日判決・判時2150号49頁も同趣旨）。

Q18 ウェイティング（キャンセル待ち）をする場合の注意点

パック旅行について、キャンセルが出たら知らせてくれるように旅行業者に依頼し、旅行業者から言われたお金を支払いました。しかし、その後、旅行業者から連絡がないのでそのパック旅行には参加できないものと考えていたところ、旅行開始日の1週間前になって、いきなり「キャンセルが出たので旅行代金の残金を支払え」という請求を受けました。もう無理なのだと思って別の予定を入れてしまっていたのですが、キャンセルするには取消料を支払わなければならないのでしょうか。

▶▶▶ Point

① ウェイティングの取扱いには、次の2つの方式がありますので、パンフレット等を読んで、どちらの方式なのかを知っておく必要があります。
　ⓐ 旅行業者から承諾通知があった時点で当然に契約が成立する方式
　ⓑ 旅行業者から通知があった後、もう一度旅行契約を締結するか否かを決定する機会がある方式
② 旅行者は、旅行に参加する意思がなくなった場合には、ウェイティングの取扱いを解除する旨の申出を早めにする必要があります。

1 ウェイティングとは

キャンセル待ちのことを旅行業界では「ウェイティング」といいます。

Q18 ウェイティング（キャンセル待ち）をする場合の注意点

　ウェイティングとは、旅行者からパック旅行（募集型企画旅行）の申込みがあった時点で、満室あるいは満席のため手配を確実にできないという理由から、旅行業者が直ちにその申込みを承諾せず、キャンセルが発生するなど手配が確実にできる状態になるまで承諾を留保する取扱いのことをいいます。

　パック旅行では、募集予定数を上回る募集があるときでも、旅行業者としては、出発日までに契約済みの旅行者から取消しのある場合に備えて参加希望の旅行者を確保しておきたい需要があり、旅行者としても、契約済みの旅行者のキャンセルを待ってでも旅行に行きたいと要望することがあります。ウェイティングは、このように旅行業者と旅行者双方の要請から広く行われている制度です。

　ウェイティングについては標準旅行業約款に明確な規定はありませんが、募集型約款8条1項によると、「申込金」の受理があった時に旅行契約が成立することになるため、旅行業者は、ウェイティングの場合には、申込み時に、申込金相当額を「申込金」ではなく「預り金」として収受する慣行があります。

2　ウェイティングの問題点

　実務上、旅行業者によるウェイティングの取扱方式として、あらかじめ申込金相当額を預かり、旅行契約が締結できるようになった時点で、旅行契約の締結を承諾した旨を旅行者に通知するとともに、預り金を申込金に充当して旅行契約を成立させる方法がとられることがあります。この取扱いがなされた場合、旅行業者が旅行者に対して承諾通知を行った時点で当然に（旅行者の旅行契約締結の意思の有無を再度確認することなく）旅行契約が成立することになりますので、承諾通知の時点が取消料発生の時期に入ってしまっている場合、旅行者がウェイティングをしていた旅行契約をキャンセルするには、思いがけず取消料を負担しなければならないという被害が発生すること

になります。

3 観光庁の事務連絡

観光庁観光産業課は、平成27年3月4日付けで、日本旅行業協会と全国旅行業協会に対し、「募集型企画旅行におけるウェイティングの取扱いについて」と題する事務連絡を発しています。その内容は、以下のとおりです。

---
(1) 取引条件説明書面に記載する場合、「特約事項」であることが明確であること。
(2) 「ウェイティング」の状態では、契約が成立しておらず、手配を確約するものでないことを明確にすること。
(3) 旅行者から預かる申込金相当額は「申込金として受理したものではない」ことを明確にすること。
(4) 申込金相当額の預り金を申込金に充当する時期及び旅行契約の成立時期について、明確にすること。
(5) 「旅行者がキャンセル待ち解除」又は「手配ができなかったとき」の預り金の払戻しについて、取消料収受期間内においても、取消料を課すことなく、預り金の全額を払い戻すことが明確であること。
(6) 旅行者が募集型企画旅行契約の部第6条の予約と混同することがないよう、適切に特約条項を作成すること。

この観光庁の事務連絡は、ウェイティングの取扱いに関する約束を、募集型約款1条2項の規定に基づく「書面による特約」とすることを求めるものです。今後は、パンフレットや旅行条件書等の取引条件説明書面にウェイティングの取扱いにつき、明瞭な記載がなされるものと考えられます。

4 ウェイティングに関する注意点

ウェイティング期間内で旅行業者が旅行契約の締結を承諾する旨の回答をする前に、旅行申込者からウェイティングを解除する旨の申出があった場合には、その解除申出の時期が取消料の発生する期間内であっても、預り金の全額が旅行者に払い戻されることになります。

しかし、いったん旅行業者が旅行契約の締結を承諾する旨の回答をした場合には、ウェイティングをしていた旅行契約の締結をするか否かにつき旅行申込者に再度の意思決定をする機会を設ける旅行業者と、そのような再度の意思確認をしないままいきなり契約を成立させる旅行業者とがあります。

後者の場合には、旅行申込者は、ウェイティングをしていた旅行契約が旅行業者からの承諾通知によって当然成立してしまうことになるため、取消料発生期間内に入っているときは、旅行代金の残額を支払って当該旅行に行くか、それとも取消料を支払って当該旅行をキャンセルするかという選択を迫られることになりかねません。

したがって、旅行者としては、ウェイティングを希望する場合には、必ず、旅行業者の承諾通知によって当然契約が成立する取扱いなのか、それとも再度の意思決定をする機会が与えられる取扱いなのかについて、取引条件説明書面の記載を読んだり、旅行業者から説明を受けるなどして、確認しておく必要があります。

また、ウェイティングをしていた旅行に参加する意思がなくなった場合には、ウェイティングを解除する旨の申出を、旅行業者に対して早めにしておくべきでしょう。

第2章　旅行契約の成立をめぐる相談

Q19　最少催行人員

> 海外旅行のパックツアーを申し込んだところ、旅行業者から、このツアーは、最少催行人員が20名だから、もし20名の参加者が集まらなければ中止になると言われました。旅行者がキャンセルをした場合は時期によってキャンセル料を取られるのに、どうして旅行業者側からは一方的にツアー中止ができるのですか。

▶▶▶ Point
① 旅行業者は契約書面記載の最少催行人員に満たない場合、一方的に旅行契約を解除することができます。
② その場合、旅行業者は旅行者に対して解除の理由を説明するとともに、旅行開始前の一定の期間内に解除の通知をする必要があります。

1　最少催行人員の未充足による旅行契約の解除

　最少催行人員とは、旅行業者が、募集型企画旅行を実施するにあたり、最低限度必要であると定めた参加人数のことです。

　旅行業者は、旅行者の数が契約書面に記載した最少催行人員に達しなかったときは、理由を説明して、募集型企画旅行契約を解除することができます（募集型約款17条1項5号）。

　この最少催行人員未充足による旅行契約の解除通知は、旅行開始日の前日から起算してさかのぼって〔表6〕に掲げる時期よりも前に旅行者に到達しなければなりません（募集型約款17条3項）。もしこの時期よりも遅れて解除通知があった場合には、契約解除の効果は発生しません。

　最少催行人員の未充足による旅行契約の解除の場合、旅行業者は、旅行者に対して、受け取った旅行代金全額を払い戻さなければならず、その払戻し

〔表６〕 旅行業者による解除通知のなされるべき時期

※旅行開始日の前日からさかのぼって

国内旅行		海外旅行	
１泊以上	日帰り	通常時	ピーク時
13日目	３日目	23日目	33日目

※ピーク時：12月20日～１月７日、４月27日～５月６日、７月20日～８月31日

の時期は、解除通知が到達した日の翌日から起算して７日以内と定められています（募集型約款19条１項）。

② 旅行契約の解除が無効な場合

　最少催行人員未充足による旅行契約の解除が有効になされた場合には、旅行者は、旅行業者に対して、これを理由とする損害賠償請求をすることはできません。

　しかし、たとえば、最少催行人員が契約書面（パンフレット）に記載されていなかったとき（いわゆる催行保証の場合）や、解除通知が約款で決められた時期よりも遅れて到達したときなどのように、解除が無効であった場合には、旅行者は、旅行業者に対し、旅行の中止による損害賠償を請求することができます。その場合に賠償を請求しうる損害の額は、旅行代金相当額にとどまらず、慰謝料等も含まれることになります。

③ 旅行業者からの解除と旅行者からの解除の行使期間

　旅行業者が最少催行人員を定めるのは、ある程度まとまった旅行者が同一行程の旅行に参加するのでなければ、事業としての採算がとれないためです。

　一方、旅行者としては、自分の申し込んだツアーが催行されるのか否かについて、できるだけ早く知りたいところであり、催行されないとなれば別のツアーへ申込みをしたいと考えるのが通常です。

第2章　旅行契約の成立をめぐる相談

　この点、旅行業者からする最少催行人員未充足による解除と、旅行者からする募集型約款16条1項所定の任意解除とは、双方とも、自己都合による解除であるという点では共通であり、他方に対する賠償なしで解除できる期間は、両者の均衡上、本来同一であるべきものと考えられます。

　募集型約款16条1項所定の任意解除の場合、旅行者は、キャンセル料の支払いなしに旅行契約を解除することができる期限は、原則として、旅行開始日の前日から起算してさかのぼって、海外旅行のときは30日目、国内旅行のときは20日目とされています（Q15参照）。

　ところが、最少催行人員未充足による解除をすることができる期限は、上記の旅行者からするキャンセル料なしでの任意解除権の行使期限よりも7日間長く定められています（前記〔表6〕参照）。

　本来同一期限とされるべきなのに、旅行業者が7日間長く解除権を行使することができるとされているのは、キャンセル料が発生する期限の直前に任意解除権を行使する旅行者が多いという実情があり、旅行参加者確定のためには、任意解除権のキャンセル料発生期限から、一定の事務整理期間が必要であると考えられたからです。

Q20 旅行契約を結ぶ際の注意点

　友達と旅行に行く計画を立てており、旅行会社のパンフレットによいツアーがあったので、それに申し込もうと思っています。旅行契約を結ぶ際に、どのようなことに気をつければよいか、注意点を教えてください。

▶▶▶ Point
・旅行契約締結にあたっては、キャンセル料の発生時期・金額や、旅行代金に含まれるものと含まれないものの区別、旅行業登録の有無等に注意する必要があります。

　近年、旅行業者が提供する企画旅行の内容は、旅行者のニーズに応えて、ますます多様化しています。しかしその半面、旅行内容の複雑さから、旅行者と旅行業者との間におけるトラブル件数も増加しています。

1　キャンセル料の発生時期

　旅行業協会や消費生活センターに寄せられる苦情・相談の内容としては、いったん旅行を申し込んだが、後で取り消した際に発生するキャンセル料（取消料）に関するものが特に多いようです。
　典型的には、「キャンセル料をとられると思わなかったのに、キャンセル料の請求をされた」といったトラブルがあげられます。このような相談が後を絶たない理由の1つとしては、旅行者あるいは旅行業者が、旅行契約の成立時期について誤解しているケースが少なくないためと考えられます。
　旅行者にキャンセル料の支払義務が生じるのは、あくまでも旅行契約が成立した後です（Q14参照）。

旅行契約には募集型企画旅行契約・受注型企画旅行契約・手配旅行契約の3種類がありますが（Q6参照）、そのいずれにおいても、旅行者が、申込書および申込金を旅行業者に提出し、旅行業者がこれを承諾して申込金を受理した時点で、旅行契約が成立するのが原則です（募集型約款8条1項など）。ただし、いくつかの例外もあるので注意が必要です（Q14参照）。

キャンセル料の発生時期をめぐるトラブルを未然に防止するためには、旅行者は、自らが申し込もうとしている旅行契約の成立時期について、きちんと確認しておくことが肝要です。

2　キャンセル料の金額

キャンセル料に関するトラブルの中には、「キャンセル料が高すぎる」といったものもあります。

企画旅行契約においては、旅行者はキャンセルの時期に応じて旅行業者が定めた一定額のキャンセル料を支払えば、いつでも旅行契約を解除することができます（募集型約款16条1項、受注型約款16条1項）。ただし、受注型企画旅行契約においては、契約書面に企画料金の金額が明示されている場合は、契約成立後直ちに、企画料金に相当する額のキャンセル料が発生する点に注意を要します（受注型約款16条1項・別表第1）。また、手配旅行契約においては、旅行者は、すでに旅行者が提供を受けた旅行サービスの対価として、または、いまだ提供を受けていない旅行サービスに係るキャンセル料、違約料その他の運送・宿泊機関に対してすでに支払い、またはこれから支払う費用を負担するほか、旅行業者に対し、旅行業者所定の取消手続料金および旅行業者が得るはずだった取扱料金を支払わなければなりません（手配約款13条2項）（Q17参照）。

以上のように、旅行契約の種類によって支払うべきキャンセル料の金額は異なりますが、いずれの場合においても、旅行業者は取引条件説明書面や契約書面にキャンセル料を明示する義務がありますから（施行規則25条の3・

27条)、旅行者はこれらの書面をよく読んで、旅行契約を取り消す際にはキャンセル料としてどれくらいの金額が発生するのかについてよく確認しておくべきです。

③ 旅行費用の総額 ── 燃油サーチャージをめぐるトラブル

空港を利用する旅行では、旅行代金以外にも空港施設使用料や空港税などの費用が必要となります。パンフレットに記載される旅行代金には通常これらの費用は含まれていないため、注意が必要です。

また、「燃油サーチャージ」をめぐるトラブルもあります。燃油サーチャージとは、国土交通省航空局より認可を受けた国際線の航空会社が、燃料価格の一部を乗客に請求しているものです。燃油サーチャージは、本来は航空会社が乗客から徴収すべき追加運賃なのですが、旅行業者が航空会社を代行して旅行者からこれを収受するという取扱いがなされています。

燃油サーチャージについては、旅行代金に含めること、広告にはその旨を明示することが原則とされています。しかし、燃油サーチャージの額を旅行代金とは別途に徴収するという扱いも認められており、その場合には燃油サーチャージの額を明示することが義務付けられています。燃油サーチャージについては、「航空会社各社が賦課する燃油サーチャージの旅行取引における取扱いについて」(平成20年6月30日国総観事第121号)という通達によって、旅行業法上の取扱いが明確にされています。

④ 旅行業の登録の確認

「料金がとても安いツアーを見つけたが知らない旅行会社だった。本当に信頼してよいのだろうか」といった相談もよく寄せられているようです。このような場合、まずは当該業者が旅行業の登録をしているか否かを確認しましょう。

日本国内で旅行業または旅行業者代理業を営もうとする者は、観光庁長官

または都道府県知事の行う登録を受けなければなりません（旅行業法3条、施行令5条1項、Q9参照）。旅行業者の登録区分としては、第1種、第2種、第3種の各旅行業に加えて旅行業者代理業がありますが（Q9参照）、第1種旅行業者に関しては観光庁の観光産業課、それ以外の旅行業者に関してはその旅行業者の本社が存在する都道府県の旅行業担当部署に問い合わせれば、登録の有無が確認できます（施行規則1条参照）。

また、旅行業協会に所属しているか、ボンド保証会員であるかという点も、旅行業者を選ぶ際のポイントとなりますので、これらへの加入の有無についても、事前に確認しておきましょう（旅行業協会についてはQ10、ボンド保証会員についてはQ11参照）。

5 渡航先の安全・衛生情報についての確認

海外旅行の場合、渡航先の国によっては、犯罪に巻き込まれたり、感染症等の病気にかかる危険性が日本国内よりも高くなることは否定できません。

この点、東京地裁平成18年11月29日判決（判タ1253号187頁）は、「社会通念上、旅行一般に際して生じ得る可能性がある各種の危険とは異なる程度の高度の発生可能性を有する格別の現実的危険が存在する場合には、当該危険に関する情報を旅行者に対して告知すべき信義則上の義務がある」として、一定の場合には旅行業者に告知義務が認められる旨を判示しています。

もっとも、渡航先の安全・衛生情報については、一次的には旅行者自身が確認すべき事柄であるといえます。

外務省は世界各地の治安情勢や安全対策情報を提供しており、また厚生労働省検疫所は海外旅行者のための感染症情報を提供していますので、出発前にはこれらについて十分に確認しておきましょう。

6 海外旅行保険への加入

　旅行契約を結ぶにあたっては、以上に述べたことを事前に確認しておくことで、多くのトラブルを未然に防ぐことができます。

　もっとも、どれだけ万全の注意を払っていても、回避できないトラブルにあう可能性は否定できません。

　特に海外旅行に行く場合には、旅行先での病気やけが、盗難被害、誤って物を壊してしまった等のトラブルに備えて、海外旅行保険には必ず加入しておきましょう。海外旅行保険の補償範囲および補償金額は、保険会社によって差異があります。事前によく比較検討して、自分の旅行プランに合った保険を選ぶようにしましょう（海外旅行保険の詳細についてはＱ39以下参照）。

〈参考資料〉
　外務省海外安全ホームページ〈http://www.anzen.mofa.go.jp/〉
　厚生労働省検疫所〈http://www.forth.go.jp/〉

第2章　旅行契約の成立をめぐる相談

Q21　旅行業者との間のインターネット取引

旅行業者とインターネットを介して旅行契約を締結するにあたって、何か注意しておく点がありますか。

▶▶▶ Point
① インターネット取引では、書面交付の方法が、店舗取引の場合と異なります。
② 申込金なしで旅行契約が成立する場合が多いため、キャンセル料の発生時期に注意が必要です。

1　インターネット取引における書面交付等の規律

(1)　概　説

旅行業者がインターネット取引をするにあたっては、旅行業法および標準旅行業約款のほか、「インターネットを利用する旅行業務に関する取扱について」（通達：平成19年12月17日国総観事業第289号）および「旅行のウェブ取引に関するガイドライン（改訂版）」（平成26年6月30日届出）に準拠することが要請されています。

(2)　法令および標準旅行業約款の内容

旅行者が事前に承諾した場合には、旅行業者は、旅行業法上必要とされる書面の交付を、当該書面に記載すべき事項を電磁的方法によって提供することで代替することができます（旅行業法12条の4第3項、施行令1条、旅行契約規則6条・7条）。

この場合、旅行業者は、旅行者の使用する通信機器に備えられたファイル

に電磁的方法によって提供されたデータが記録されたことを確認しなければなりません（募集型約款11条、受注型約款11条、手配約款11条）。

(3) 通達の内容

「インターネットを利用する旅行業務に関する取扱について」（通達）は、以下のことなどを定めています。

① ウェブサイトを管理する営業所については、登録が必要であること
② 旅行業法上、営業所において掲示すべき旅行業務取扱料金表、旅行業約款等はウェブサイト上で掲示することが必要であること
③ 取引条件説明については、ウェブサイト上に取引条件説明書面が掲示され、その内容を了承した旨のアイコンをクリックする等により、旅行者が了承した場合に限り、取引条件説明が行われたとして、取引を進めることができること
④ 取引条件説明書面および契約書面は、電磁的方法で交付することを了承する旨のアイコンをクリックする等により、旅行者が了承した場合に限り、電磁的方法で交付することができること
⑤ 誤入力防止のための最終確認画面を設け、入力内容を確認した旨のアイコンをクリックする等により旅行者が了承した場合に限り、ウェブサイト上での旅行契約を成立させることができること
⑥ 旅行業協会はガイドラインを作成し、国土交通省に届け出ること

(4) ガイドラインの内容

日本旅行業協会および全国旅行業協会は、上記の通達を受け、「インターネットを利用した旅行取引に関するガイドライン」（平成20年1月8日届出）を作成しました。現在では、これが改訂されて、「旅行のウェブ取引に関するガイドライン（改訂版）」となっています。

この「旅行のウェブ取引に関するガイドライン（改訂版）」では、ウェブサイトの運営上の一般的な留意事項として、①取扱営業所は旅行業の登録を受けること、②取扱営業所とサイトの営業時間は異なってもよいこと、③

カード番号授受のSSLによる暗号化、IDとパスワードによる認証などの安全管理をすること、④掲載情報の最新性・正確性を維持すること、⑤ウェブサイトでの取引の流れについての表示と取引記録の保存の勧め、⑥苦情相談窓口の設置とその表示をすること等があげられています。

また、以下のように、募集型企画旅行・手配旅行の取引サイトのウェブページイメージを例示しています。

(a) 募集型企画旅行のウェブページ

募集型企画旅行のウェブページの例では、取引条件説明書面は、①「取引条件説明書面（重要事項）」（コース名・日程・旅行代金・参加資格等を記載した、店舗取引におけるパンフレットに準じるもの）、②「取引条件説明書面（共通事項）」（旅行代金に含まれるもの・含まれないもの、解除事由、旅程保証、特別補償等を記載した、店舗取引における旅行条件書に準じるもの）の2通を設けるものとされています。

そして、旅行申込画面では、申込みボタンのクリックの前に、取引条件説明書の交付方法について、「電磁的方法で交付することを承諾する」または「郵送による交付を希望する」のいずれかを選択するとともに、旅行代金の決済方法について、「クレジットカード」または「銀行振込み」のいずれかを選択するように構成されています。

取引条件説明書の電磁的方法での交付を承諾し、かつ、クレジット決済を選択した場合には、必ず、「取引条件説明書面の記載事項の保存の確認」のチェックボックスが表示され、取引条件説明書面（重要事項）および取引条件説明書面（共通事項）を保存したことについて旅行者のチェックを求めることとされています。

(b) 手配旅行のウェブページ

手配旅行のウェブページの例では、取引条件説明書面は、①「取引条件説明書面（重要事項）」（手配内容、旅行代金、契約の解除、契約成立時期等についての記載があるもの）、②「取引条件説明書面（共通事項）」（代金の支払方法が

クレジットに限定されること、取消しの方法、特別補償の不適用等を記載したもの）の２通を設けるものとされています。

そして、旅行申込画面では、申込みボタンのクリックの前に、取引条件説明書の交付方法について、「電磁的方法で交付することを承諾する」、「取引条件説明書面（重要事項）及び取引条件説明書面（共通事項）を表示し保存しました」とのチェックボックスに旅行者がチェックするように構成されています。

手配旅行の場合には、募集型企画旅行と異なり、「旅行契約の予約」の考え方がない（募集型約款６条は予約について規定しているが、手配約款にはこのような規定はない）ので、ウェブページ上でクレジットカード決済ができない場合や、取引条件説明書面の電磁的交付を承諾しない場合には、ウェブサイトでの取引はできないものとされています。

2 旅行業者との間のインターネット取引により成立する旅行契約の種類

旅行業者が運営するウェブサイトで取引される旅行契約は、旅行業約款の適用のある旅行契約です。

(1) 手配旅行

このうち、航空券の購入や宿泊施設の予約をする場合（いわゆる「単品素材」について契約する場合）は、旅行業法と標準旅行業約款の適用のある手配旅行契約に当たります。

インターネットを利用した手配旅行契約のうち、クレジットカード決済をするものは「通信契約」に該当し（手配約款２条４項）、契約成立時期につき書面の特約がない場合でも、申込金の支払いを必要とせず、旅行業者の承諾の通知のみによって旅行契約が成立します（手配約款７条２項）。

また、手配旅行についてのキャンセル料は、①旅行者がすでに提供を受けた旅行サービスの費用（運送機関・宿泊施設に対して支払うべき料金）、②旅行

者がいまだ提供を受けていない旅行サービスの費用（運送機関・宿泊施設に対して支払うべき違約金等）、③旅行業務の取扱料金（手配手数料）、④手配取消の事務手続に対する対価（取消手続料金）の合計額です（手配型約款13条2項）。

申込み後、すぐにキャンセルしたとしても、上記のキャンセル料が必要になってきますので、注意が必要です。

(2) 企画旅行

旅行業者が運営するウェブサイトで取引される特徴的な旅行商品として、いわゆる「ダイナミックパッケージ」と呼ばれるものがあります。「ダイナミックパッケージ」とは、旅行業者が手配すべき個々のサービス提供業者を旅行業者があらかじめ選定し、旅行者は、当該旅行業者のウェブサイトにリストアップされたサービス提供業者を選択して全体の旅行計画を組み立てるものをいいます。航空券等の交通手段とホテルなどの宿泊施設を、所定の範囲内で自由に選択できる旅行商品であり、弾力的な価格設定が可能である点を売りにするものです。

「単品」（航空券、宿泊施設等）が組み合わさった商品であることから、手配旅行契約または受注型企画旅行契約との区別が問題になりますが、旅行者が全体の日程を組み立てるものの、旅行業者があらかじめ選定し代金を設定した個々のサービス提供業者の範囲内で旅行者が選択することから、募集型企画旅行として取り扱われることとされています（「旅行のウェブ取引に関するガイドライン（改訂版）」）。

この場合にも、クレジットカードを用いて決済をした場合には、「通信契約」に該当し（募集型約款2条3項）、申込金の支払いを必要とせず、旅行業者の承諾の通知のみによって旅行契約が成立します（募集型約款8条2項）。そのため、キャンセル料の発生時期について、特に注意が必要です。

Q22 インターネットによる旅行契約サイトの種類と利用上の注意点

> インターネットでの旅行契約に関するウェブサイトには、どのような種類がありますか。また、各ウェブサイトの利用にあたって、どのような点に注意すべきでしょうか。

▶▶▶ Point
・オンライン旅行取引では、ウェブサイトごとに取引形態・旅行業登録の有無が異なるため、注意しましょう。

1 さまざまなオンライン旅行販売サイト

近年、旅行契約は、オンライン旅行販売サイトを通じて締結されることが増えています。オンライン旅行販売サイトには、性質の異なるものが種々あります。そのため、旅行業の登録の有無や、契約の相手方が誰であるのかについて、きちんと確認をすることが必要です。

オンライン旅行販売サイトのうち、代表的なものを次に紹介します。

(1) 旅行会社の直営サイト

「いわゆる旅行業者」や国内に旅行業登録のあるインターネット専業旅行会社のサイトです。販売される商品はさまざまですが、旅行業者による販売であるため、旅行業法の規制を受けます。このようなサイトからの取引で、旅行代金の支払いをクレジットカードでする場合（署名や暗証番号の入力なしにする場合のみ）は通信販売に当たり、注意が必要です（Q21参照）。

(2) 直販・自社サイト

最近は、旅行業者でなく、航空会社や鉄道会社が自社で運営するウェブサイトでチケットを販売したり、ホテルや宿泊施設が自らのウェブサイトを開

第2章 旅行契約の成立をめぐる相談

設し宿泊予約を受け付けることも広く行われています（いわゆる直販・自社サイト）。

このようなサイトでチケットを購入したり、宿泊予約をする場合、旅行者の契約の相手方はサイト運営者（運送事業者や宿泊施設）であるため、旅行業法・旅行業約款は適用されません。

直販・自社サイトでは、セール価格などの廉価でサービスが提供されることもある反面、契約のキャンセル等について、旅行業約款よりも顧客に不利な条件が定められているケースも見受けられます。たとえば、近年台頭してきたLCC（ローコストキャリア）などでは、航空チケットのキャンセル・払戻しが原則としてできないという取扱いがされていることがあります。

直販・自社サイトを利用する際は、取引条件について、十分に注意を払う必要があるでしょう。

(3)　アフィリエイト

インターネット・サービス・プロバイダー等が運営するポータルサイトやモール等、第三者が開設したウェブサイトに、旅行業者が募集広告を掲載し、そのウェブサイトを利用して旅行者からの申込みを受ける場合があります。この場合は、旅行業者が取引の相手方となります（Q21参照）。ポータルサイト等の信用や知名度と、広告主である旅行業者の信用度は無関係ですので、契約の相手方となる旅行業者の情報をきちんと確認する必要があります。

(4)　場貸しサイト

場貸しサイトと呼ばれる予約サイトがあります。主として宿泊の予約を扱いますが、宿泊施設がプランの企画や料金設定を行い、旅行者が宿泊施設と直接契約する形式をとり、サイト運営事業者は仲介手数料だけを徴収します。

サイトの名称や体裁から、旅行者はサイト運営事業者との間で契約を締結しているように誤解しがちですが、場貸しサイトは、サイト運営事業者が宿

泊施設の情報を紹介する（宿泊施設に情報の掲載場所としてサイトを貸している）にすぎないため、旅行者は宿泊施設と直接契約をすることになります。したがって、トラブルが生じた場合の当事者は旅行者と宿泊施設ということになり、サイト運営事業者への責任追及は難しいでしょう。

(5) メタサーチ

複数の旅行商品販売サイトから情報を抽出して、旅行代金などについて一覧性のある横断的比較を可能にするウェブサイトがあり、メタサーチと呼ばれます。

サイト上で、航空券や宿泊の予約について、希望条件を入力して検索すると、検索結果が表示されますが、この結果は、ウェブ上の多数の旅行商品販売サイトの情報の検索結果を表示するもので、予約自体は、その検索結果に張られているリンク先の旅行業者もしくは宿泊業者等とすることになります。しかし、サイトによっては、サイト運営事業者との契約であると誤解しやすいものもありますから、利用にあたっては注意が必要です。

(6) 海外OTA

ウェブサイト上で宿泊予約や航空予約がリアルタイムに完結する旅行会社（オンライン・トラベル・エージェンシー：Online Travel Agency）のうち、海外に営業拠点を持って旅行商品を販売するものを「海外OTA」と呼びます。

日本語サイトを立ち上げて、日本国内の旅行者向けに取引を行う海外OTAであっても、日本国内に営業所がないため、日本での旅行業登録を必要としないことから、海外OTAとの契約には日本の旅行業法・旅行約款は適用されません。

海外OTAを通じての契約は、航空会社・ホテル等といったサービス提供事業者との直接契約となることがほとんどです。この場合、海外OTA自体の責任を問題とすることはできません。仮に海外OTAの責任を問題とする場合でも、海外を拠点とする事業者であるため、トラブルの際に、日本国内で裁判をすることも困難です。

このように、海外OTAとの契約は、トラブルになった際に顧客がリスクを抱えることが特徴です。

海外OTAは、国際的な事業者間の競争により、多くの情報や低価格でサービスを提供するため、旅行者にとって魅力のある面もありますが、そのリスクについては十分に認識して利用することが求められるでしょう。

また、大手海外OTAの中には、旅行会社等向けのアフィリエイトプログラムを提供しているものがあります。日本の大手旅行会社や航空会社にも、このような大手海外OTAのアフィリエイトプログラムを活用し、自社のホームページのリンクを通じて、海外OTAでの宿泊予約等を可能にしているものがあります。ウェブサイトでの旅行契約に際しては、入口となるサイトのみならず、最終的に契約をするのがどのサイトであるか、相手方がどの事業者であるかにも注意を払う必要があります。

2 インターネットを利用した旅行契約の注意点

(1) 相手方事業者が誰か

インターネットを利用して旅行契約を締結する場合には、旅行契約を締結する相手方事業者が誰であるかを確認することが大切になります。

アフィリエイトやメタサーチの場合、リンク先が旅行業者であれば旅行業者との契約となりますが、リンク先が自社・直販サイトであればサイト運営者（運送事業者や宿泊施設）との直接契約になります。

国内の場貸しサイトの場合には、宿泊施設が直接の契約の相手方です。

海外OTAの場合には、航空会社や海外の宿泊施設が直接の契約当事者であり、海外OTAと契約を締結しているわけではありません。

(2) 旅行業者である場合には、登録旅行業者かどうか

旅行契約を締結する相手方業者が、サービス提供事業者でなく、旅行業者である場合には、登録旅行業者であるか否かを確認することが重要です。観光庁長官または各都道府県知事の旅行業登録がない事業者と取引をする場合

には、旅行業法や標準旅行業約款による消費者保護規定、たとえば営業保証金制度や取消料規制などの適用は受けられません。

(3) OTAガイドライン

　観光庁は、旅行者が、オンライン取引において、契約相手方の事業者が誰であるのかを確認することができるよう、2015年6月、「オンライン旅行取引の表示等に関するガイドライン」（OTAガイドライン）を策定しました。このガイドラインでは、日本の旅行業登録を有しない海外OTA、旅行業者ではない場貸しサイトやメタサーチも対象としています。

　OTAガイドラインでは、オンライン旅行販売サイトにおいて適切な表示が求められる事項として、次の点を定めています。

① OTA等に関する基本情報（名称、住所、代表者等の氏名、旅行業登録の有無）

② 問合せ先に関する事項（問合せ連絡先（電話番号、メールアドレス等）、問合せ受付可能時間、問合せ受付可能言語）

③ 契約条件に関する事項（契約当事者および契約形態、運送等サービスの内容、旅行代金額および支払方法、キャンセル条件、約款、最終確認画面、契約成立時期）

④ 契約内容確認画面等（契約締結後、速やかに、上記の問合せ先に関する事項および契約条件に関する事項等を記載した電子メールを旅行者に送信したり、サイト上でこれらの各事項を一覧して確認できる契約内容確認画面設ける等の措置を講じること）

　ただし、旅行業者ではない場貸しサイトやメタサーチについては、上記のうち、③旅行代金、キャンセル料等の契約条件に関する事項の表示および④契約内容確認画面等の設定は求められていません。

第2章　旅行契約の成立をめぐる相談

> **コラム③**　e-TBT マーク
>
> 　近年、インターネット上で旅行商品を取り扱う業者は急増していますが、その業態はさまざまです。このような中で適切な旅行業者を見分ける際の指標となるのが、「e-TBT マーク」です。
>
> 　e-TBT マークは、日本旅行業協会および全国旅行業協会が、旅行業登録を受けた業者からの申請に基づき、①旅行業法令、旅行のウェブ取引に関するガイドラインが遵守されていること、②ウェブサイトで授受される情報のセキュリティ対策がとられていること、③個人情報に関し、機密保持、管理の措置がとられていること、④旅行者からの苦情に対する十分な措置がとられていること等の要件を満たすことを審査の上、ホームページに掲げることを認めたものです。
>
> 　したがって、e-TBT マークがホームページに掲げられている場合には、当該業者は、旅行業法の登録を受けており、また、旅行業法や標準旅行業約款等の関係法令の遵守を期待しうるものと考えてよいことになります。
>
>
> e-TBT = Electronic-Travel Business Trust
> 電子旅行取引信頼マーク（イーティービィーティー）

Q23 インターネット利用時の誤操作

　1カ月後に北海道で開催される会議に出席するため、会議前日夜の格安航空会社Ａ社（いわゆるLCC）の便を予約しました。
　当初、預入れ手荷物を不要との条件で予約をしました。その後、同日で予約時刻のみを変更しようと思い、オンラインの予約変更フォームから変更の手続をしたところ、変更前に不要と設定していた預入れ手荷物の項目が、気づかないうちにデフォルト（初期設定）の「手荷物有り」に戻っていたようで、手荷物分の追加料金を請求されてしまいました。手荷物の申込みをキャンセルすることはできないでしょうか。なお、変更後の契約内容について網羅的に確認できる画面は表示されませんでした。

▶▶▶ Point
① 最終確認画面で十分に契約条件を確認しましょう。
② 最終確認画面のないオンライン契約での誤操作については電子消費者契約法３条の適用が考えられます。

1　最終確認画面とは

　本件は、LCCであるＡ社の契約変更システムに最終確認画面がなく、手荷物の有無についての契約条件が確認できなかったという事案です。
　最終確認画面とは、インターネット取引において、確定的な申込みとなる送信ボタンを押す前に、申込みの内容を表示し、訂正する機会を与える画面をいいます。
　特定商取引法14条1項2号は、事業者が、「顧客の意に反して通信販売に

係る売買契約又は役務提供契約の申込みをさせようとする行為として主務省令で定めるもの」をした場合において、取引の公正および購入者等の利益が害されるおそれがあると認めるときには、主務大臣が指示を行うことができる旨を定めています。これに基づき、特定商取引法施行規則16条１項は、インターネット通販における「顧客の意に反して契約の申込みをさせようとする行為」の具体的内容を定めています。それによると、①電子契約の申込みとなることを、顧客が当該操作を行う際に容易に認識できるように表示すること（同項１号）、②申込みの内容を、顧客が電子契約についての操作を行う際に容易に確認・訂正できるようにすること（同項２号）が要求されており、この①②の要請を満たすものとして、「最終確認画面」の設定が必要になります。

ところが、航空機による旅客運送については特定商取引法の適用が除外されており（同法26条１項８号ニ、特定商取引法施行令５条・別表第二21）、上記のような規制を受けないため、LCC の中にはウェブサイトに最終確認画面を設けていないところもあるようです。

２　最終確認画面不設定の効果

しかし、特定商取引法の適用の有無にかかわらず、インターネット取引において「最終確認画面」の設定がなかった場合には、消費者は、民法95条および電子消費者契約法３条に基づき、申込みの意思表示につき「錯誤」を主張することができると考えられています。

民法95条は、法律行為の要素に錯誤があったときは意思表示は無効となるとし、ただし、表意者に重過失があったときは無効を主張することはできないと規定しています。

言い間違いや書き間違いは、民法95条にいう錯誤に該当すると考えられますが、そのような間違いを犯した表意者には、通常、重過失があるため、錯誤無効は認められません。

しかし、インターネット取引においては、消費者側が操作ミスや一時的な勘違いなどのエラーを犯す可能性が高く、消費者の意思表示を行う意思の有無について確認を求める措置を講じていない事業者が、消費者の重過失を言い立てて錯誤無効を認めないのは公平ではありません。

そこで、インターネット取引において、事業者が最終確認画面を設けていない場合には、消費者は、①意図しない申込み等（たとえば、全く申込みを行う意思がないにもかかわらず操作を誤って申込みを行ってしまったような場合）、②意図と異なる内容の申込み等（たとえば、1個申し込むつもりで11個と入力してしまったときのように、操作を誤って申込みの内容を入力してしまったにもかかわらず、それを訂正しないままに、内心の意思と異なる内容の申込みであると表示から推断される表示行為を行ってしまったような場合）をしたときは、重過失のない錯誤として無効を主張することができるものとされたのです（電子消費者契約法3条）。

ご質問の事案の場合、最終確認画面が設定されていなかったというのですから、インターネットによる手荷物の預入れに関する特約申込みの意思表示は、錯誤を理由に無効を主張することができます。

第2章 旅行契約の成立をめぐる相談

Q24 旅行の内容がパンフレットの記載内容と違うことは許されるのか

　パンフレットの「現地最高級のＸホテルに宿泊」との記載に惹かれて、他社より料金の高いＡ旅行業者のヨーロッパツアーに参加しました。ところが、Ｘホテルは、客室、設備、フロント対応など、どれもビジネスホテル並みで、最高級とはいいがたく、最高級ホテルでの宿泊を楽しみにしていただけに、とてもがっかりしました。Ａ旅行業者に対し、何らかの請求ができるでしょうか。

▶▶▶ Point
① 広告規制に違反する場合があります。
② 消費者契約法に基づく契約の取消し等ができる場合があります。

1 旅行業法による広告規制

(1) 表示すべき事項と、してはならない表示

　旅行業法によると、企画旅行の募集広告をするについては、旅行業者の名称、旅行の目的地および日程、運送・宿泊・食事サービスの内容、対価、添乗員同行の有無、最少催行人員などを表示しなければなりません（旅行業法12条の7、旅行契約規則13条）。

　また、旅行サービスの内容・対価等につき、著しく事実に相違する表示をし、または実際のものよりも著しく優良もしくは有利であると誤認させるような表示をしてはならないとされています（誇大広告の禁止：旅行業法12条の8、旅行契約規則14条）。つまり、広告において最低限度表示しなければならない事項と、表示してはならない事項とがあるわけです。

　このような広告規制に違反した場合には、観光庁長官による業務改善命

令、業務停止命令、登録取消しといった行政処分の対象とされます（旅行業法18条の３・19条）。また、刑事罰として、30万円以下の罰金が法定されています（同法31条10号・11号）。

(2) 企画旅行の広告に関する通達

「企画旅行に関する広告の表示基準等について」と題する通達（平成17年２月28日国総旅振第387号）により、たとえば次のような事柄については広告において表示が必要とされています。

① 企画者の氏名または名称および住所並びに登録番号
② 旅行の目的地および日程に関する事項　宿泊地については日程中のすべての宿泊都市名を原則として表示しなければならないこと、機中泊等の場合はその旨を表示することなどが定められています。
③ 旅行者が提供を受けることができる運送、宿泊または食事のサービスの内容に関する事項　利用予定航空会社は限定列記が必要であり、「Ａ航空ほか」などの表示は許されないことなどが定められています。
④ 旅行者が旅行業者等に支払うべき対価に関する事項
⑤ 旅程管理業務を行う者の同行の有無

なお、広告の段階では、宿泊機関の名称については「Ｂホテルまたは同等クラス」等の表示も許されていますが、取引条件説明書においては、「同等クラス」との表示をした場合には、「同等クラス」に属する具体的なホテル名を特定して列挙することが必要とされています。

また、広告表示が禁止されている事柄についてみれば、たとえば、客観的な根拠なく、旅行サービスの品質について「超豪華」「当社だけの」「最高級」「安心、安全」といった用語を用いたり、対価について「格安」といった用語を用いることは禁止されています。さらに、日程に含まれない場所等

の写真等をイメージであることを明記せずに用いることは、誇大広告に該当するとされています。

日本旅行業協会と全国旅行業協会は、前記通達に基づき、共同で、旅行業法、景品表示法を踏まえた「旅行広告・取引条件説明書面ガイドライン」（平成17年12月）を作成しています。

2 景品表示法による不当表示の規制

(1) 旅行と景品表示法

景品表示法は、広く広告を規制する法律です。旅行に関しては、①旅行サービスの品質・内容についての不当表示（優良誤認表示）、②旅行サービスの価格、取引条件についての不当表示（有利誤認表示）、③販売意思のないもしくは販売することが不可能な旅行商品または販売数量限定の旅行商品を、それを秘して表示し、広告外の旅行商品を購入させるように仕向ける「おとり広告」が問題になるといってよいでしょう。

前記ガイドラインにおいて禁止されている「優良誤認表示」の例としては、観光施設の休業日を明瞭に表示しない場合、食事が写真から受ける印象と著しく違う場合、実際には見られない景観写真等をイメージであることを明記せずに表示する場合などがあります。また、禁止されている「有利誤認表示」の例としては、根拠なく「格安」、「会員価格」と表示する場合、実際には違うのに「出発保証」と表示する場合、通常旅行代金と比較した特別旅行代金を二重価格表示する場合、などがあります。

なお、業界内の自主規制として、「募集型企画旅行の表示に関する公正競争規約」があります。この公正競争規約は、事業者団体が表示に関して自主的に定めた業界ルールなのですが、消費者庁および公正取引委員会が、旅行者の利益をも考慮に入れて認定を行っており、景品表示法の不当表示に関する規定を、旅行業に合致するように具体化したものといえます。

(2) 景品表示法に違反した場合

景品表示法に違反する不当な表示が行われている疑いがある場合、消費者庁は調査を実施し、違反行為が認められた場合は、事業者に対し、不当表示により一般消費者に与えた誤認の排除、再発防止策の実施、今後同様の違反行為を行わないことなどを命ずる措置命令を行います。

　さらに、景品表示法の定める不当な表示は、適格消費者団体に差止請求権を認める、いわゆる消費者団体訴訟制度の対象にもなっていますので、不当表示を行った事業者は、訴訟で、適格消費者団体から表示の差止めを求められる可能性があります。

　なお、平成28年4月1日から、不当な表示を行った事業者に対する課徴金制度が導入されることとなりました。この制度においては、事業者が優良誤認表示や有利誤認表示をした場合、事業者が不当表示について相当の注意を怠っていないと認められない限り、課徴金を納付することが命じられます。課徴金額は、課徴金対象期間（最長3年）における課徴金対象行為にかかる商品やサービスについて一定の方法により算定した売上額の3％となります。ただし、算定した課徴金額が150万円未満となる場合は、課徴金の納付を命じることはできません。また、この制度においては、被害回復を促進する観点から、違反事業者が、課徴金対象期間において取引を行った消費者に対し、所定の手続に従った自主返金を実施した場合、返金額に応じて、課徴金額が減額されるしくみも設けられています。

③ 消費者契約法による契約の取消し

　旅行業者が旅行業法または景品表示法に違反するような広告をしていたため、その広告の表示を信じて、企画旅行契約の申込みをした消費者は、広告内容が事実に反していた場合には、不実告知（事実と異なることを告げること）によって契約をしたものとして、消費者契約法4条1項に基づき、その旅行契約を取り消すことができる場合があります。

　もっとも、消費者契約法により取り消すことができる不実告知の対象は、

契約内容や取引条件に関する重要事項（同法4条4項）に限られます。したがって、パンフレットに事実と違う記載がある場合でも、一般消費者が契約を締結するかどうかの判断に影響を及ぼすとまではいえない比較的軽微な食い違いの場合は、消費者契約法4条1項に基づく取消しはできません。

なお、広告が事実と異なることは、実際に旅行に出かけた後に判明することが多いと思われますが、旅行終了後であっても契約を取り消して、旅行代金の全部または一部を返還してもらうことが可能な場合があります。

4 本事案への適用

(1) 誇大広告の可能性

「最高級」などの用語は、旅行業法の広告規制について具体的基準を示している通達「企画旅行に関する広告の表示基準等について」（4　誇大広告の禁止）により、客観的根拠なく使用することが禁止されています。また、「募集型企画旅行の表示に関する公正競争規約」においても、「特定用語の使用基準」（8条）により、その内容が客観的・具体的事実に基づくものであり、かつ、その事実をあわせて表示する場合にのみ使用することができる、とされています。

したがって、「現地最高級」のような用語をパンフレットで使用する場合は、格付機関の発表に基づくなど、客観的根拠を示して使用しなければなりません。もし、A旅行業者が、何ら客観的根拠を示すことなく、「現地最高級」という用語をパンフレットに使用し、実際にXホテルが現地最高級とはほど遠いものであれば、誇大広告に当たるといえます。

(2) 消費者契約法に基づく旅行契約の取消し

また、ホテルの豪華さを売りにしたようなツアーであれば、パンフレットに「現地最高級のXホテル」と記載している点は、一般消費者が契約を締結

するかどうかの判断に影響を及ぼす契約の重要事項といえるので、不実告知として消費者契約法4条1項1号による旅行契約の取消しが可能です。取消しが認められると、旅行者とA旅行業者との契約はなかったことになりますから、旅行者とA旅行業者はそれぞれがすでに受け取ったものの返還義務を負うことになります。具体的には、A旅行業者は旅行者に対し旅行代金全額を返還しなければなりませんし、旅行者は実際に旅行に参加してサービスの提供を受けた以上、自らの受けた旅行サービスを金銭的に評価した金額につきA旅行業者に返還しなければならないことになります。

　もっとも、旅行者がA旅行業者に対し返還すべき金額については、旅行代金額と比べ、相当程度減額された実費分程度にとどまるべきですし、場合によっては、旅行者は受けた旅行サービスの対価を支払う必要がないということもあるでしょう。

Q25 債務不履行と不実告知

(1) パックツアーで海外旅行をしましたが、パンフレットに「空港とホテル間の送迎あり」と記載されていたにもかかわらず、空港に到着しても誰も迎えに来ておらず、仕方なくタクシーでホテルまで行くことになりました。旅行業者に対し、何らかの請求ができるでしょうか。

(2) パックツアーで海外旅行をしましたが、その宿泊先のホテルについて、「無料のテニスコートあり」と記載されていたにもかかわらず、実際には、テニスコートはありませんでした。旅行業者に対し、何らかの請求ができるでしょうか。

▶▶▶ Point
・パンフレット記載内容と実際の旅行内容とが食い違ったときには、債務不履行として旅行業者に損害賠償請求できる場合があります。

1 パンフレットの法的性質

 旅行業法上、パンフレットは、単なる契約の勧誘手段ではなく、パックツアーの契約成立後は、契約書面の一部を構成するものと解されています（旅行業法施行要領「第10 取引条件の説明、契約書面及び広告」。Q26参照）。

 したがって、パンフレットに記載がある事項については、契約書に明記してある事項であるともいえ、契約内容そのものとして、旅行業者が履行しなければならない場合があります。

 たとえば、大阪高裁平成13年2月7日判決（判タ1069号237頁）は、パンフレットに、東京発着、大阪・名古屋同一料金と記載されている場合には、東

京・大阪間の航空機の手配も旅行業者の債務内容となっていると判断しています。

2 救済の類型

一般に、契約締結過程における事業者の情報提供義務違反により、契約から期待どおりの利益を獲得できなかった消費者は、①不法行為による原状回復的（代金減額的）な損害賠償、②消費者契約法等による取消しなど契約の無効化による救済（契約解消型の救済）を受けられますが、そのほかにも、③消費者が信頼した内容での契約の成立を、契約の解釈を通じて認めるという救済（契約実現型の救済）がありえるところです。

③の契約実現型の救済が認められるには、契約の解釈によって、事業者が表示した事項が事業者の債務として引き受けられていると認められることが必要です。事業者の債務にはなっていないと解釈される場合には、上記①②の救済が認められるにとどまることになります。

3 引き受けられた債務か否かの区別

企画旅行契約は、旅行計画、すなわち、①旅行の目的地および日程、②運送・宿泊のサービスの内容、③旅行代金額が、旅行業者によって作成され、その計画どおりの手配を旅行業者において引き受ける契約です。旅行計画に含まれる事項について旅行業者が手配を怠ると債務不履行となりますが、それ以外の事項については、直ちに旅行業者の契約責任が発生するものではないと考えられます。

本件(1)の「空港とホテル間の送迎」は、特に断りのない限り、旅行契約における旅程の一部を構成するものであり、旅行代金によってまかなわれる運送サービスであると考えられます。したがって、送迎サービスは、旅行業者の債務として引き受けられているものであり、その不履行があったときは、旅行業者は、送迎がなかったために旅行者が負担せざるを得なかったタク

シー代等の損害賠償をしなければなりません。

　本件(2)の「宿泊施設が提供するサービス内容」は、特に断りのない限り、旅行業者自身が自己の債務として消費者に提供することを引き受けているとまでは、通常いえないと考えられます。したがって、債務不履行責任を追及することはできません。

　しかし、運送機関から提供される運送サービス、宿泊施設から提供される宿泊サービス、あるいは美術館・遊園地等のアミューズメント施設から提供される各種サービスの内容に関する情報は、旅行契約を締結するか否かについての判断に影響を与える重要な情報であるといえますから、これが真実と異なるものであった場合には、不実告知による取消権が認められると考えられます。

Q26 契約書面、確定書面、取引条件説明書

旅行業者と旅行契約を締結する場合、旅行業者は旅行者に対してどのような書面を交付しなければならないのでしょうか。

▶▶▶ Point
・旅行業者は、旅行者に対して、①契約締結成立前に「取引条件説明書面」、②契約成立時に「契約書面」、③出発前に「確定書面」という書類を交付しなければなりません。

1 取引条件の説明義務

　旅行業者は、旅行者に対し、契約締結過程（旅行契約締結前）において、取引条件説明書面を交付したうえで、旅行サービスの内容、旅行代金、補償等の取引条件、参加資格（査証の要否、旅券の残存期間等を含む）、安全衛生情報などを説明しなければなりません（旅行業法12条の4、旅行契約規則3条・5条）。

　「取引条件説明書」は、実務的には、「パンフレットと旅行条件書」に当たります。

2 契約書面の交付義務

(1) 契約書面の意義

　契約書面とは、契約締結後に旅行業者から旅行者に対して渡される、旅行日程、旅行サービスの内容、旅行代金その他の旅行条件および旅行業者の責任に関する事項を記載した書面です。

　旅行業法12条の5第1項および募集型約款9条1項では、契約締結後速や

113

第2章　旅行契約の成立をめぐる相談

かに契約書面を交付することが旅行業者に要請されています。

旅行契約はサービス契約であり、取引されるサービスは無形のものであるため、商品の売買などと異なり、旅行者がその品質や性能を目で見て確認したうえで購入するということはできません。

そのため、言葉を用いた説明でサービス内容を特定し、提供されるサービスの内容や水準を明らかにして、旅行業者と旅行者との認識の相違によるトラブルを防止することを目的として、旅行業者に書面の交付が義務付けられているのです。

(2)　書面交付義務違反の効果

旅行業者がこのような義務に違反して契約書面を旅行者に交付しなかったときや、契約書面に虚偽の内容を記載したときは、30万円以下の罰金に処せられます（旅行業法31条8号）。また、業務停止や登録の取消事由ともなります（同法19条1項1号）。

実務的には、「パンフレットと旅行条件書」が、「契約書面」に当たるものとして取り扱われています。これは、旅行業法施行要領第10・3および4において、「取引条件の説明を書面で行った場合において、その記載内容に従った契約がなされたときは、……契約書面の交付がなされたものとして取り扱う」、「契約書面は、数種の書面（領収書、確定書面（最終日程表）等）によって要件を満たすことも認められる」と規定されていることに根拠があります。契約書面の必須の記載事項である「契約締結年月日」については申込金の領収証に記載された年月日で追加し、旅程管理業務を行う者（添乗員）が同行しない場合の旅行地における企画旅行業者との連絡方法については、「確定書面（最終日程表）に記載する」と書くことで対応しているのが実情です。

しかし、このように、記載事項を網羅した一覧性のある1通の書類の交付を要しないとする取扱いについては、旅行者が契約による権利義務を正確に見通すことを可能にするという書面交付義務の趣旨に反するものであり、特

定商取引法における書面交付のように、旅行契約規則9条に定める事項のすべてが網羅され、かつ旅行者において契約事項であると容易に認識しうるような体裁の契約書面を作成・交付することを旅行業者に義務付けるべきであるとの批判（神戸弁護士会「旅行業約款改正に関する意見書」（平成3年3月）等）もなされています。

③ 確定書面の交付義務

(1) 確定書面の意義

確定書面とは、契約書面交付時には確定することができなかった旅行日程、運送もしくは宿泊機関の名称を追完し、その確定状況を記載した書面をいいます（募集型約款10条1項、受注型約款10条1項）。実務上は、「最終日程表」がこれに当たります。

確定書面は、契約書面が交付される契約締結直後においては時期的な都合で確定できなかった具体的な運輸機関や宿泊施設等の契約内容の細部について、旅行出発までの間に特定する趣旨で、交付が義務付けられているものです。

確定書面は、契約書面に定める日までに交付しなければなりません。遅くとも、契約書面交付後、旅行開始日の前日（旅行開始日の前日からさかのぼって7日目に当たる日以降に旅行契約の申込みがなされた場合にあっては、旅行開始日）までに、交付しなければならないものとされています。

(2) 書面交付の効果

確定書面が交付された場合、旅行業者が手配し旅程を管理する義務を負う旅行サービスの範囲は、当該確定書面の記載するところにより特定されることになります（募集型約款10条3項、受注型約款10条3項）。

確定書面は、約款上で定義されている書面であり、旅行業法上は、同法12条の5所定の契約書面の一種であると考えられます。したがって、確定書面を旅行者に交付しなかったときや虚偽の内容を記載したときには、30万円以

下の罰金に処せられることになります（同法31条8号）。また、業務停止や登録の取消事由ともなります（同法19条1項1号）。

(3) 書面不交付の効果

確定書面が、契約書面に定められた期限までに交付されなかったときは、旅行者は、旅行開始前にキャンセル料を支払うことなく旅行契約を解除することができます（募集型約款16条2項4号、受注型約款16条2項4号）。確定書面が交付されない場合、旅行者は、出発前に契約内容を特定・確認できないまま、旅行業者が一方的に内容を決定して提供する旅行サービスを受け、その代金を支払う立場に追いやられることになるので、そのような不利益を脱する手段を与える趣旨から、旅行者に解除権が認められたものです。

4 パンフレットの位置づけ

旅行取引におけるパンフレットは、上記のとおり、単なる広告ではなく、取引条件説明書、契約書面としての機能を有しており、そこに記載された事項は、法的な拘束力を生じることに留意しなければなりません。

5 旅行条件書の不交付の取扱い

旅行条件書が交付されない間は、旅行者は、旅行開始前にキャンセル料を支払うことなく旅行契約を解除することができると考えるべきです。

その理由は、以下のとおりです。

① 実務上用いられている旅行条件書は、法律上の「取引条件説明書面」であり、本来、契約成立前の説明段階で交付しなければならないものです。取引条件説明書（旅行条件書）の交付前に旅行者が旅行業者に対して金銭を支払ったとしても、法的に要求されている説明が未了である以上、いまだ契約は成立途上にあり、当該金銭は申込金としての意味をも

たず、旅行契約は成立していないと考えられます。
② 実務上用いられている旅行条件書は、法律上の「契約書面」であり、本来、契約締結後速やかに交付しなければならないものです。契約書面不交付の場合には、旅行契約における旅行業者の給付義務とこれに対する旅行者の代金支払義務の範囲・内容は不確定なままで放置されていることになります。前述のように、確定書面不交付の場合にキャンセル料支払不要の解除権が旅行者に生じる理由は、契約内容を特定・確認できないまま、旅行契約による拘束を受ける不利益から旅行者を解放するという点にあります。契約書面は、契約内容の特定・確認を図るうえでは、確定書面の土台となる、より基本的な書面であると位置づけられています。したがって、契約書面の不交付・不備があった場合には、確定書面の不交付の場合と同等またはそれ以上に、契約内容が不確定となってしまうのですから、契約書面（旅行条件書）の不交付があった場合にも、キャンセル料支払不要の解除権が認められるべきです。

第3章

企画旅行契約上の
旅程管理債務・旅程保証
をめぐる相談

Q27 旅行業者の手配債務

友人と2人で、旅行業者が主催するオーストラリア・ケアンズのパックツアー（最少催行人数2名）に申し込みました。そのツアーは、宿泊するホテルが運航する船で、グレートバリアリーフが見られる島までゆったりとクルージングをする予定になっていました。しかし、以下の事情からクルージングができなくなりました。このような場合、旅行業者にはどのような請求ができるのでしょうか。

(1) 当日、乗船するのは私と友人の2人だけだったのですが、クルージングは6名から運航することになっていたことや、事前に乗船客が2名しかいないとの連絡は受けていないことを理由に、ホテル側から運航を拒否されました。

(2) 当日、ハリケーンのため、クルーザーの運航が中止になってしまいました。

(3) 当日、私は体調不良のため、船に乗れる状態ではありませんでした。

▶▶▶ Point

・旅行業者には、旅行計画に従って旅行できるように手配する義務があります。これを怠った場合、旅行者は、旅行業者に対し、損害賠償を請求できます。

1 募集型企画旅行における旅行業者の義務

(1) 手配債務

募集型企画旅行においては、旅行業者は、旅行計画を立てたうえでパンフ

レットなどに旅行日程を記載して旅行者を募集していますので、旅行者は、旅行日程に記載されている運送、宿泊、その他旅行に関するサービス(以下では、これらをまとめて「旅行サービス」といいます)が確保できるものと期待しますし、旅行業者も確保できると考えているのが通常です。

　ですから、募集型企画旅行契約において、旅行業者は、計画した旅行日程に従って、旅行者が旅行サービスの提供を受けることができるように、手配する義務(手配債務)を負っています(募集型約款3条)。

　この手配債務は、請負的な性質を有していると考えられています(請負契約では「仕事を完成」させることが義務になります)。すなわち、旅行業者は、旅行者に対して旅行に関するサービスを提供すること自体までは請け負っていませんが、旅行者が旅行に関するサービスを受けられるよう旅行サービス提供機関の手配をすることを請け負っているということです(Q35参照)。

　したがって、募集型企画旅行において、旅行業者は、旅行計画の実施に必要な旅行サービスを予約し確保する義務を負い、その手配ができていなかった場合には、旅行業者の債務不履行となります。

　また、手配債務の履行にあたっては、旅行業者は、その専門的知識と調査能力を駆使して、十分な旅行サービスを提供する能力のあるサービス提供機関を利用しなければなりませんので、サービス提供機関の選任を誤った場合にも、旅行業者の債務不履行責任が生じます。

　なお、手配債務は、旅行業者が、必要な旅行サービスを予約し確保できた時点で完了しますので、その後の旅行サービス提供機関の都合など、旅行業者の関与しえない事情によって、旅行者が旅行サービスの提供を受けられなかった場合には、旅行業者は手配債務違反に基づく債務不履行責任は負いません。ただし、この場合、後述する旅程管理債務が問題となります。

(2) 旅程管理債務

　募集型企画旅行においては、旅行業者が上記(1)の手配債務を尽くしたにもかかわらず、当初予定された旅行計画どおりの旅行ができない事情が生じる

ことがあります。その場合、旅行業者は、できるだけ計画に沿った旅行サービスの提供を受けられるよう必要な措置を講じ、また、必要な措置を講じたにもかかわらず旅行内容を変更せざるを得ないときは、最小の費用増加でできるだけ契約内容の変更を最小限にとどめるような代替サービスを手配する義務があります。この義務のことを「旅程管理債務」といい、企画旅行において旅行業者が負担する基本的な義務の１つです（募集型約款23条）。

どのような場合に旅程管理債務が債務不履行となるのかについては、Q28を参照してください。

2　旅行業者に対する請求

(1)　手配債務・旅程管理債務違反に基づく損害賠償請求

旅行業者が手配債務・旅程管理債務を尽くさなかったために、当初計画していた旅行内容が実現できなかった場合、旅行者は旅行業者に対して債務不履行に基づく損害賠償請求をすることができます（民法415条、募集型約款27条１項）。

この場合、旅行者が被った損害として考えられるのは、①旅行の価値が下がったことによる財産的損害、および②旅行の楽しみが奪われたことなどによる慰謝料です。損害賠償請求をする場合、損害を被ったこと、損害の内容・金額については、旅行者が主張・立証する必要があります。

　(a)　財産的損害

手配債務違反や旅程管理債務違反に基づく債務不履行による旅程変更があった場合には、予定されていた全体としての旅行計画のうち、一部の旅行給付に瑕疵があったことになるため、瑕疵があった給付に相当する分だけ旅行代金は減額されるべきです。

しかし、募集型企画旅行契約では、通常、運送機関の運賃や宿泊施設の料金などの内訳は、旅行者に対して明示されません。ですから、旅行者が減額するべき具体的な金額を立証するのは非常に困難です。現に、東京地裁平成

9年4月8日判決（判タ967号173頁）は、新婚旅行において予定された豪華クルージングの旅程が変更されたケースについて、旅行業者の手配債務違反を認めたものの、クルーザーの利用代金額が具体的に認定できないとして旅行者の財産的損害を認めませんでした。

ただ、この判決後、民事訴訟法248条（損害額の認定）が新設されました。この規定では、「損害が生じたことが認められる場合において、損害の性質上その額を立証することが極めて困難であるときは、裁判所は、口頭弁論の全趣旨及び証拠調べの結果に基づき、相当な損害額を認定することができる」と定められていますので、今後は、この規定により、適正な損害額が認定されると期待できるでしょう。

(b) 慰謝料

旅行者はそれぞれの目的があって旅行に参加しています。旅行業者の債務不履行によって旅行内容が変更されると、場合によっては旅行に来た意味がなくなり、残念な思いをする旅行者もいることでしょう。

そのような場合、旅行業者に対して、当該旅行内容の変更により旅行目的との関係で旅行の楽しみが奪われたことや、休暇が無駄になって財産的損害の賠償では回復できない精神的苦痛を受けたことを理由に慰謝料を請求することができると考えられます。

具体的には、当該旅行の目的や契約内容から約束された旅程が実現されることを期待するのが合理的かどうか、変更後において旅行目的をどの程度達成できたかどうか、旅行内容の変更の理由・経緯がどのようなものであったか（旅行業者が手配債務・旅程管理債務を尽くしていたかどうか）、変更後の旅行業者の対応が適切であったかどうか（変更について説明義務を尽くしたかどうか）等の諸事情を考慮して、慰謝料を算定することになるでしょう（参考判例：東京高裁昭和55年3月27日判決・判時962号115頁、神戸地裁平成5年1月22日判決・判タ839号236頁、前掲東京地裁平成9年4月8日判決）。

③ 旅程保証制度による変更補償金と損害賠償請求との関係

　旅行内容の変更が旅行業者の債務不履行によるものでなくても、旅行者が一定の補償金（変更補償金）を受け取ることができる場合があります（募集型約款29条・別表第２）。これを旅程保証制度といいます（詳しくはＱ30参照）。それでは、旅行業者の債務不履行に基づく損害賠償と旅程保証制度による変更補償金との関係はどうなっているのでしょうか。

　旅行業者に債務不履行があった場合は、旅行者が被った損害を旅行業者が賠償するべきですから、変更補償金の支払いではなく、損害賠償請求に対する支払いで処理することになっています（募集型約款27条）。

　そのうえで、募集型約款では、旅行業者の債務不履行が「明らかな場合」に限って、変更補償金が支払われないと規定しています（募集型約款29条１項ただし書）。このような限定をしたのは、旅行業者に債務不履行があったかどうかの調査・判断には時間を要することが多いため、その判断がなされるまで変更補償金が支払われないとなると、旅程保証制度を設けた趣旨が没却してしまうからです。

　もっとも、旅行業者の債務不履行が「明らかな場合」というのは、旅行業者自身が債務不履行を認めている場合くらいでしょう。

　そうすると、実際は、変更補償金が支払われた後に、旅行業者の債務不履行が判明する場合が多いといえますが、その場合、変更補償金と損害賠償金をどのように調整するのでしょうか。

　旅行者は、旅行業者から債務不履行に基づく損害賠償金の支払いを受けることになりますが、この場合、二重に支払いを受けたことになりますので、すでに支払いを受けた変更補償金は旅行業者に返還しなければなりません（募集型約款29条３項前段）。実務的には、旅行業者の損害賠償金と旅行者が返還しなければならない変更補償金との間で相殺処理することになります（同項後段）。

4 回　答

(1) 旅行業者に手配債務の不履行がある場合

本件(1)のケースでは、パックツアーの内容として、宿泊するホテルのクルージングが予定されており、最少催行人数を2名で募集していることから、旅行業者には、乗船客が2名しかいなくてもクルージングができるようにホテル側と交渉するなどして手配する義務があります。

ホテル側が事前に乗客が2名であると連絡を受けていないことを理由に運航を拒否していることから、旅行業者が事前にホテルと十分な連絡をとっていなかった可能性が極めて高く、手配債務を尽くしていなかったといえるでしょう。

したがって、旅行業者に手配債務違反があったとして、債務不履行に基づく損害賠償請求をすることができます。

次に、損害額についてですが、クルージングの料金に相当する金額が財産的損害になります。ただ、募集型企画旅行の場合、料金の内訳は示されませんので、クルージングの料金を明確にするのは難しいですが、訴訟などでは民事訴訟法248条を適用して、損害額を認定することになるでしょう。

さらに、この旅行において、クルージングが重要なポイントになっているなどの事情があれば、旅行者としては旅行の楽しみが奪われたことになりますので、慰謝料の請求も可能でしょう。

なお、このケースは旅行業者が損害賠償責任を負うので、旅程保証制度による変更補償金は支払われません。旅行者がすでに変更補償金を受け取っていた場合は、損害賠償金から変更補償金を控除した額が旅行者に支払われます。

(2) 旅行業者が手配債務を尽くしていた場合

本件(2)のケースのように、旅行業者が、事前にホテルとの間で旅行者のためにクルージングができるよう手配をしていた場合は、その後、天候の悪化

によってクルージングが中止となっても、旅行業者に手配債務違反はありません。

また、旅行業者がクルージングを中止したことについては、旅行者の安全のためやむを得ない判断だったといえるでしょう。

ただし、この場合、旅程管理債務を尽くしたかが問題となります。旅行業者が旅程管理債務を尽くしていなかった場合、旅行者は、旅行業者に対して債務不履行に基づく損害賠償請求ができます。旅行業者が旅程管理債務を尽くしていた場合は、債務不履行は認められませんが、天候の悪化による旅行内容の変更は旅程保証の対象になりますので、変更補償金の支払いは請求できるでしょう。

(3) 旅行者の事情による場合

本件(3)のケースのように、旅行者の体調不良のためにクルージングができなかった場合には、旅行業者に帰責事由はありませんので、旅行業者には債務不履行は認められません。また、旅行者の体調不良による旅行内容の変更は、旅程保証の対象となりません。

したがって、旅行者は、旅行業者に対して、損害賠償も変更補償金の支払いも請求できません。

コラム④　トーマス・クック

世界で初めて商業的に行われるパッケージ・ツアーの原型を創造したのは、イギリス人のトーマス・クックであるといわれています。クックは、印刷業を営む禁酒運動家でしたが、産業革命を背景として、労働者階級の人々がつらい労働を忘れるため飲酒にふける風習を改めるには、飲酒に代わる健全で教育的効果の高いレジャーを提供することが必要だという考えを持っていました。

クックは、1841年7月、イングランド中部の都市レスターの近郊にあるラフバラという町で行われた禁酒大会へ参加する570名の労働者に向けて、団体

割引の特別列車を利用し、食事やさまざまな娯楽をセットした日帰り旅行を企画し、その全行程を取り仕切ったのです。これが最初のパックツアーであるといわれています。

団体での格安チケット、目的地までのアトラクション、印刷業の経験を活かしての旅行パンフレットなど、クックは、世界で初めての近代的な旅行代理店業を創出し、1851年のロンドンでの第1回万国博覧会、1855年のパリでの第2回万国博覧会へのツアーを成功させ、1872年には世界一周旅行を実施するに至っています。

このように、トーマス・クックは、旅行商品を企画し安価に提供するというビジネスモデルを創出し、これによって観光旅行の大衆化を実現した功績があります。

第3章　企画旅行契約上の旅程管理債務・旅程保証をめぐる相談

Q28　旅行業者による旅行内容の変更

　海外周遊パックツアーに参加しました。ツアー後半、スペイン・バルセロナからフランス・パリに飛行機で移動して、パリで2泊した後に帰国する予定でしたが、バルセロナからの移動予定日、悪天候のため、空港に赴いてから予定の便が欠航となってしまいました。しばらく待機していたのですが、結局、添乗員から、当日中は代替便も飛ばないと予想されるので、旅程を変更してバルセロナにもう1泊する、翌日飛行機が飛べばパリに移動するが、翌日に予定されていたベルサイユ観光は中止する、と説明されました。結局、翌日代替便でパリに移動できましたが、楽しみにしていたベルサイユ観光がなくなってしまいました。

(1)　希望としてはベルサイユ観光を残し、他の予定をカットしてもらいたかったと思いますが、このような場合の変更は業者の一存で可能なのでしょうか。

(2)　バルセロナでの延泊で泊まったホテルは、当日のパリでの宿泊予定先より格下のホテルでしたが、その費用は旅行代金と別に負担してもらう必要があると言われました。応じなければならないのでしょうか。

▶▶▶ Point

① 　旅行業者が関与できない事由が生じ、旅行の安全・円滑な実施のためやむを得ない場合は、一定の要件のもとに、旅行業者は、旅行内容を変更することができます。

② 　旅行契約の適法な内容変更による費用の増加があった場合などには、旅行業者は旅行代金増額を求めることができます。

1　旅行契約の内容変更の必要性

　旅行出発直前や旅行中、予期できなかった特別な事情が生じて、予定していた計画どおりに旅行を進められなくなり、旅程変更が必要になる場面は、しばしば生じます。そのような場合、旅行業者主催のパック旅行（企画旅行）であれば、旅行業者には、臨機応変に旅行内容を変更し、できるだけわずかな変更で旅行を続けられるよう必要な代替措置を講じる義務があります。これは、企画旅行における旅行業者の旅程管理義務（募集型約款23条、Ｑ８・Ｑ27参照）ですが、別の面から見ると、旅行業者は、契約対象の旅行内容を一方的に変更していることになります。

　本来、契約はいったん成立すると、当事者同士の合意なく一方的にその内容を変更することはできません。しかし、企画旅行契約では、予期できなかった特別な事情により旅行内容の変更が必要になったとき、適切に変更を行いそれに伴う手配をすることは、それ自体が旅行業者の重要な債務である旅程管理義務の履行ですので、2で説明するように、一定の要件のもとで、旅行業者が契約後に旅行内容（契約内容）を一方的に変更することが認められています。この場合、旅行業者に債務不履行責任は生じません。

2　旅行内容の変更の要件

(1)　約款13条の要件

　旅行業者による旅行内容の変更が認められる要件については、募集型約款13条で規定されています。すなわち、旅行業者は、①天災地変、戦乱、暴動、運送・宿泊機関等の旅行サービス提供の中止、官公署の命令、当初の運行計画によらない運送サービスの提供その他の旅行業者の関与しえない事由が生じた場合において、②旅行の安全かつ円滑な実施を図るためやむをえないときは、③旅行者に対し、あらかじめ速やかに、当該事由が旅行業者の関与しえないものである理由および当該事由との因果関係を説明して、旅程日

程、旅行サービスの内容その他の企画旅行契約の内容を変更することができる、というものです。ただし、旅行者への説明については、緊急の場合においてやむをえないときは、変更後になることも許容されます。

　これを整理すると、旅行業者が、旅行契約の内容を変更するための要件は、次のとおりとなります。

①　旅行業者において関与できない事由の発生
②　旅行の安全かつ円滑な実施を図るためやむをえないこと
③　あらかじめ速やかに（緊急やむをえないときは変更後に）旅行者に変更の理由等を説明すること

(2)　約款23条2号の要件

　ただし、①②③の要件をすべて満たす場合なら、どのように変更してもよいというわけではなく、④契約内容の変更を最小限にとどめるよう最大限の努力がなされること、が必要です。この点は、募集型約款23条2号に、「旅行日程を変更するときは、変更後の旅行日程が当初の旅行日程の趣旨にかなうものとなるよう努めること、また、旅行サービスの内容を変更するときは、変更後の旅行サービスが当初の旅行サービスと同様のものとなるよう努めること等、契約内容の変更を最小限にとどめるよう努力すること」と規定されており、旅程管理債務は、最善を尽くすという手段債務であることから、このように規定されているといえます。したがって、変更内容を最小限にとどめることについて、最善が尽くされなかった場合は、旅行業者の過失となる可能性があります。

　また、契約内容の変更を最小限にとどめるよう最大限の努力をするという旅行業者の義務の中には、旅行代金の変更を最小限にとどめることも当然含まれているものと考えられます。旅行代金は、旅行契約の重要な要素であり、後述するように、旅行内容の適法な変更に伴って増額となった費用は、旅行者の負担となるためです。

3 旅行内容変更の要件である説明義務違反の効果

(1) 裁判例の事案

　旅行開始後、パンフレットに記載されていたホテルに宿泊できなくなり、宿泊先ホテルが変更された事案で、旅行業者に募集型約款13条の説明義務違反による慰謝料支払いが命じられた裁判例があります（東京地裁平成27年2月18日判決・ウェストロー・ジャパン）。

　この事案では、フランスへのパック旅行の3泊目に、モンサンミッシェル島の対岸にある眺めのよいホテルでの宿泊が確約されていましたが、その前日になって、旅行者らはそのホテルには宿泊できなくなった旨だけを告げられ、その経緯や理由については具体的な説明がないまま、当日は旅行業者があらためて手配した島内の別のホテルに案内されて宿泊しました。そして、帰国後、旅行者側から説明を求めた後に、変更理由はホテル側のオーバーブッキングであるとの説明がなされました。

(2) 説明義務についての判旨

　判決は、募集型約款13条に規定される旅程変更要件としての説明義務違反については、募集型約款16条3項において、旅行開始後であっても提供を受けられなくなった旅行サービスに係る部分の契約につき旅行者に解除権が認められているので、その解除権行使の機会を与える必要から課されている義務であると解しつつ、旅行者の同意なくして旅行業者に契約の変更権を認めることと引き替えに課された説明義務である以上、実際に旅行者による解除権行使の可能性がない場合であっても、その説明をしないのは不当であり、説明義務の有無の判断においては、旅行者による解除権行使の可能性を考慮すべきではないと判示しました。そして、本件では、予定されていたホテルに宿泊できなくなったことおよびその理由について、その説明が可能になった時点で、速やかに説明がされておらず、募集型約款13条の説明義務にかかる債務につき、債務不履行があるとされました。

(3) 認容された損害賠償の内容

　この債務不履行に関する損害賠償として、旅行者側では1人あたり45万円弱の旅行代金全額と慰謝料10万円の支払いを求めていたところ、旅行代金については、本件では、説明義務違反と旅行代金全額ないし一部の損害との間に相当因果関係を認めることはできないとされましたが、説明義務にかかる債務不履行によって旅行中不安な気持ちにさせられ旅行を楽しむこともできなかったことの慰謝料10万円が認められました。

4　旅行内容が変更される場合の旅行代金の増額

　契約時以降の事情変更による費用増加のリスクは、旅行業者が負担するのが原則ですが、旅行業者が関与しえない事由により安全・円滑な旅行実施のためにやむをえず旅行内容を変更したような場合にまで、増大した費用を旅行業者の負担とするのは不合理です。

　そこで、募集型約款13条に基づき旅行契約の内容が適法に変更されることにより費用の増加が生じる場合、旅行業者がその範囲内で旅行代金額を変更することが認められています（同約款14条4項）。

　ただし、オーバーブッキングにより運送・宿泊機関等が変更となった場合は、費用が増加しても、旅行代金の増額変更はできないものとされています（募集型約款14条4項）。オーバーブッキングについては、旅行業界で慣行的にみられる事情であって旅行業者の専門的知識によりある程度予期して対応しうる余地があるとも考えられ、旅行者側からすると、旅行業者において関与しえないものとして旅行者が全面的にリスクを負わされるのは納得できないところがあります。オーバーブッキングによる旅行内容変更時の旅行代金の増額変更が許されないものとされているのは、この点の配慮によるものと

いえるでしょう。

なお、募集型約款14条には、これ以外にも、適用運賃・料金の大幅な増減額の場合など、旅行代金の額が例外的に変更される場合（増額が認められる場合や減額が必要な場合）についての規定が置かれています。

5 旅行内容が変更される場合の旅行代金の減額

旅行契約の内容の変更により、費用の減少が生じる場合については、約款上は、増額の場合と同じく、旅行業者はその範囲内で「旅行代金の額を変更することがあります」とされていますが（募集型約款14条4項）、裁判例（東京地裁平成19年3月26日判決・ウェストロー・ジャパン）は、減額分は旅行者に払い戻さなければならないと解しています。

この裁判例は、原告らが旅行契約で宿泊先となっていた水上ホテルにチェックインしたものの、高潮による海面水位上昇のためホテル側に別ホテルへの待避を求められ、代替ホテル宿泊となったことについて、旅行業者に損害賠償を求めた事案です。裁判所は、約款に、天災地変、宿泊機関等のサービス提供の中止等の場合に募集型企画旅行の内容を変更することがあること（13条）、運賃に関し増減があったときは契約内容の変更の際にその範囲内において旅行代金の額を変更することがあること（14条4項）、旅行者は旅行開始後において、旅行者の責めに帰すべき事由によらず旅行サービスを受領することができなくなったときは取消料を支払うことなく旅行サービスの受領することができなくなった部分の契約を解除することができ、その場合には旅行業者は旅行代金のうち、その部分に当たる金額を旅行者に払い戻すこと（16条）が定められていることに照らすと、宿泊サービスにおいても、天災地変、宿泊機関等のサービス提供の中止といった事由で旅行内容の変更が生じたときには、その範囲で旅行者にサービスを受けられなかった部分にかかる金額を払い戻すべきである旨、判示しました。

第3章 企画旅行契約上の旅程管理債務・旅程保証をめぐる相談

6 本件(1)について——旅程変更の可否

(1) 要件のあてはめ

　ご質問の場合においては、旅程変更がなされたのは、悪天候のため、空港に赴いてから予定の便が欠航となってしまったためです。これは、旅行業者において関与できない事由といえますから、前記①の要件を満たしますし、同時に旅行の安全かつ円滑な実施を図るためやむをえない変更であるともいえ、前記②の要件も満たします。

　そして、添乗員は、空港でしばらく待機した後に、当日中は代替便も飛ばないと予想されるので、旅程変更となる旨、変更の理由を説明し、さらに予定される変更内容を説明しているので、前記③の要件も満たしていると考えられます。

　さらに、旅行業者が旅程の変更を行うにあたっては、前記④のとおり変更内容を最小限にとどめるように努力する義務がありますが、本件では、空路の他に妥当な移動手段があるとは思われないので、悪天候で飛行機が欠航となっている以上、現地にもう1泊して、翌日以降代替便で移動することにより、翌日に移動先で予定されていた観光プランが実施できないとの変更内容は、翌日には他の観光プランもあったようですから、最小限の変更と認められる可能性が高いように思われます（ただし、結局パリでは1泊した翌日には帰国予定であるものの、バルセロナ延泊後パリに移動できた時間帯が早く、少し時間をずらせば当初の予定どおりベルサイユ観光も可能等の事情がある場合は、それでもベルサイユ観光をカットする理由や、他の観光プランを優先する理由等につき確認してみるべきでしょう）。

　以上から、本件では、旅行業者による旅行内容変更の要件を満たし、契約の対象であった旅行の内容は、旅行業者の申し入れたとおりに変更されることになると考えられます。すると、旅行業者は変更後の内容で旅行を実施すれば、契約どおりの履行をしていることになり、いかに旅行者にとっては不

本意な変更であっても、そのことで旅行会社に対し損害賠償等を請求することはできません。

(2) 要件を満たさない場合の効果

しかし、たとえば、当初予定の便に乗れなかった理由が、欠航によるものではなく、旅行業者側の手配ミスによるものであるような場合は、明らかに前記①の要件を満たしておらず、契約内容は変更されません。当初予定の便に乗ることが不可能である限りは、旅程管理責任により旅行業者は同様に変更した旅程を実施せざるをえないのですが、あくまで、旅行業者は、当初の契約内容に従って旅行をさせるべき義務を履行できていないという状態になります。このような場合は、旅行業者の債務不履行（契約違反）となり、旅行者は、旅行業者に対し、債務不履行責任として、当初の旅行契約に従った旅行ができないことにより被った損害の賠償を請求することができます（民法415条）。

(3) 要件を満たさないが賠償責任が否定された裁判例

なお、この点に関連した裁判例として、東京高裁平成5年3月30日判決（判タ863号216頁）があります。これは、アテネへのパック旅行に参加したところ、経由地のバンコク空港で、アテネ空港のストライキ情報がもたらされ、一行はアテネ行きを断念したのですが、実は全面的なストライキではなく、かつ当日チューリッヒ行きの飛行機を経由してアテネに行くことも可能な状態だったので、旅行会社の説明および添乗員のとった措置に不手際があったとして、旅行者が旅行業者に対し債務不履行に基づく損害賠償を請求した事案です。判決は、空港閉鎖に至らない空港職員による部分ストライキは、旅行業者の旅程管理債務を免責する不可抗力（関与しえない事由）には該当しないと判断しましたが、ストライキの状況に鑑みてアテネ行きを断念したのは「やむをえない判断に基づく経路変更」と判断し、旅行業者の対応の一部に不手際があったことについては認定したものの、旅行者が主張するアテネに行くための代替手段の有無について詳細に検討を加えた結果、旅行

業者の債務不履行責任を否定し、旅程管理債務が尽くされていない結果として旅行客がアテネへ行けなかったという意味での相当因果関係があるともいえないとして、旅行者の請求を退けました。

7 本件(2)について──旅行代金の増額の可否と旅程保証

ご質問(2)は、急遽延泊となり新たな宿泊費用が生じたことを理由として旅行業者が旅行代金の変更を申し入れてきた場合、旅行代金がそのとおりに変更されるのかという問題です。本件の状況においては、急に当日の宿泊先の変更を余儀なくされたため、おそらく当初予定のパリでの宿泊予定ホテルには泊まれないのにキャンセルはできず宿泊料の支払いが必要なうえ、バルセロナでの延泊先の宿泊料が必要となったと考えられます。

前述したように、本件での宿泊先変更は、募集型約款13条による旅行内容の変更要件を満たす適法な変更と考えられるので、旅行業者が変更を最小限にとどめるよう最善を尽くしてバルセロナでの延泊先を決め、これによる旅行費用の増加があった場合であれば、旅行業者が増加費用の範囲内で旅行代金を増額変更することは認められることになります。

もっとも、募集型約款13条の変更要件を満たさず、旅行内容の変更が債務不履行に当たる場合であれば、旅行代金の増額変更が認められる余地はありません。

なお、旅行内容の変更があった場合は、旅程保証制度により、旅行者が旅行業者から変更補償金の支払いを受けられる場合があります。

Q29 火山噴火発生の場合の解約とキャンセル料の支払い

　海外の数カ国をめぐる周遊型のパック旅行を申し込んでいました。ところが、出発前に目的地である国の1つで火山が噴火し、今も危険な状態にあるとマスコミがさかんに報道するので、心配になりました。旅行を中止したいのですが、キャンセル料を支払わないといけないのでしょうか。

▶▶▶ Point

① 天災地変などが起こった場合、旅行者はキャンセル料なしで解除できることがあります。
② 外務省のホームページで公開されている「危険情報」を十分に検討してください。
③ 旅行業者のほうから旅行契約の解除をすることもあります。

1　旅程変更が問題になる場合の解除権

(1) 旅程変更が可能な場合

　旅行業者により旅行内容の重要な変更がなされた場合、旅行開始直前であっても、旅行者がキャンセル料を支払わずに旅行契約を解除できることがあります（募集型約款16条2項1号）。

　ご質問において、たとえば、火山噴火が起きた国のみを除けば安全・円滑な旅行が可能であるとして、旅行業者がそのように旅程変更した場合は、旅行者にとっては訪問先の国が減るという重要な変更が一方的にされてしまうわけですから、旅行業者による旅程変更が認められる場合であっても、旅行

者からのキャンセル料なしの解除が認められます（Q28参照）。

(2) 旅程変更が不可能な場合
　(a) 旅程管理債務の履行不能

　旅行契約は、旅行業者の旅程管理債務を中核とする契約ですので、旅程変更が可能な場合は、変更の程度を必要最小限度にとどめつつ、旅行業者は代替サービスを提供しなければなりません（募集型約款23条）。

　しかし、ご質問の事例においては、そのような代替サービスの提供も不可能になるような緊急事態が発生しています。これは、旅程管理債務の履行不能の場面と位置づけることができるでしょう。

　(b) 旅行者の解除権

　旅行者は、いつでも企画旅行契約を解除することができますが、海外旅行の場合は、出発日の前日からさかのぼって、通常時なら30日前、ピーク時なら40日前からは、解除したときにキャンセル料を支払う必要があるというのが原則です（Q15参照）。しかし、例外的に、旅行者は、「天災地変、戦乱、暴動、運送・宿泊機関等の旅行サービス提供の中止、官公署の命令その他の事由が生じた場合において、旅行の安全かつ円滑な実施が不可能となり、又は不可能となるおそれが極めて大きいとき」には、旅行開始前に、キャンセル料を支払うことなく、企画旅行契約を解除することができます（募集型約款16条2項3号）。

　(c) 旅行業者の解除権

　また、出発前に噴火が発生したような場合、旅行業者のほうも旅行契約の解除をすることができます。すなわち、天災地変、戦乱、暴動、運送・宿泊機関等の旅行サービス提供の中止、官公署の命令その他の旅行業者の関与しえない事由が生じた場合において、旅行の安全かつ円滑な実施が不可能となり、または不可能となるおそれが極めて大きいときには、旅行業者は、旅行者に理由を説明して、旅行開始前に旅行契約を解除することができるのです（募集型約款17条1項7号）。

旅行業者は、外務省が発する国・地域別の危険情報と旅行先官公署、現地オペレーター等の情報をもとに、企画旅行の出発の可否を判断しているのが実情のようです。外務省の発出する国・地域別の「危険情報」は、①「十分注意してください」、②「渡航の是非を検討してください」、③「渡航の延期をお勧めします」、④「退避を勧告します。渡航は延期してください」の4段階となっています。実際には、③の渡航延期勧告や④の退避勧告が発出された場合には、旅行業者は、企画旅行を実施しませんが、②の渡航の是非検討のレベルであれば、旅行業者は他の情報もあわせて考慮したうえ、企画旅行を実施することもあるようです。

2 募集型約款の解釈

　旅行者が募集型約款16条2項3号に基づいてキャンセル料なしでの解除ができるのは、旅行の安全・円滑な実施が不可能または不可能となるおそれが大きいと認められる事由が、旅行開始前に現実に発生した場合に限られます。たとえば、「ある国で火山噴火のおそれがある」というマスコミ報道があっただけで現実に噴火が発生していない段階においては、キャンセル料なしでの解除は認められないと思われます。

　当該危険事由が現実に発生した場合に、その発生地に近接する地域を目的地として含む企画旅行については、キャンセル料なしでの解除の対象となるでしょう。

　現実に発生した当該危険事由に基づく支障が、旅行出発時において、なお継続的に存在していることも、キャンセル料なしでの解除ができるための要件となると考えられます。たとえば、噴火発生直後に出発予定日が到来する場合であれば、危険な状態が継続しているものとしてキャンセル料なしでの解除ができるでしょうが、噴火発生から相当の期間が経過した後に出発予定日が到来するという場合で、運送・宿泊機関も正常に運営されている状態に復したようなときには、キャンセル料なしでの解除はできない可能性が高い

でしょう。

③ キャンセルを請求する手続

　旅行者としては、旅行業者に対し、募集型約款16条2項3号に基づくキャンセル料なしの解除をすることを告げることになります。

　それにもかかわらず、旅行業者があくまでキャンセル料を要求する場合には、まずは旅行業協会の行っている苦情処理制度や地方公共団体が設置する消費者センターのあっせんを利用するなどして話し合いによる解決をめざし、それでも和解できない場合には、訴訟を提起し、最終的には、裁判所において司法判断に委ねることになります。

④ 安全性に関する情報提供義務

　旅行業者は、旅行者に対して、安全確保義務の一内容として、旅行先での安全の確保に関する情報について、情報提供義務を負担しているものと考えられます。旅行業者等が旅行者と締結する契約等に関する規則3条1項カも、「旅行の目的地を勘案して、旅行者が取得することが望ましい安全及び衛生に関する情報がある場合にあつては、その旨及び当該情報」を取引条件説明書の記載事項として定めており、旅行業者が安全性に関する情報の提供を怠った場合、旅行者は、旅行業者に対して、損害賠償の請求をすることができると考えられます。

　なお、東京地裁平成16年1月28日判決（判タ1172号207頁）は、旅行業者が安全性に関する情報提供義務を懈怠した場合に旅行者に生じる損害について、旅行契約をキャンセル料なしに解除するか否かを選択判断する機会を失わせたことに対する慰謝料であるとして、その賠償を認めています。

⑤ ご質問の場合

　ご質問の場合には、まず、外務省のホームページで公開されている「危険

情報」を十分に検討し、さらに旅行業者からも十分な説明を受けたうえ、企画旅行へ参加するかどうかを、自分自身で判断することが必要でしょう。

危険が高いと判断して旅行への参加を断念するときは、募集型約款16条2項3号に基づくキャンセル料なしの解除をする旨を、旅行業者に告げるのがよいと思われます。

 キャンセル料なしの解除の意思表示後、旅行出発前に、旅行業者のほうが企画旅行の実施をとりやめた場合には、旅行業者のほうも「旅行の安全かつ円滑な実施が不可能となり、又は不可能となるおそれが極めて大きい」(募集型約款17条1項7号)と認めたことになりますので、旅行業者がキャンセル料の請求をしてくることは実際上ないと思われます。しかし、旅行業者が企画旅行を実施した場合には、あなたと旅行業者の間で安全性についての見解の相違があることになりますので、旅行業者がキャンセル料の支払いを請求してくる可能性があります。その場合に、あくまでキャンセル料の支払いを拒もうとすれば、旅行業者との間で、消費生活センターや旅行業協会を仲介にした話合いをしたり、最終的には裁判をしたりして、キャンセル料の支払いの要否について決めることになるでしょう。

Q30 旅行内容が変更された場合、旅行代金を安くしてもらえるか

> パックツアーで、7日間の予定でフランスに行くことにしていました。パンフレットにはベルサイユ宮殿観光も含まれていたのですが、直前になって、ベルサイユ宮殿観光ができなくなったと連絡がありました。ベルサイユ宮殿観光もしたかった私としては、観光できなかった分の金銭的補償は受けられないのでしょうか。

▶▶▶ Point

・旅行内容の変更が、旅行業者の故意や過失に基づくものでない場合でも、旅行者が補償金（旅程保証）を受け取ることができる場合があります。

1 旅程保証

旅行内容の変更が、旅行業者やその手配代行者の故意または過失による場合には、旅行業者は損害賠償責任を負うことになるので（募集型約款27条1項）、旅行者は損害賠償請求をすることができます。なお、これは、約款がなくとも、民法上の債務不履行責任（民法415条）として当然に認められるものです。

他方、旅行内容の変更が、旅行業者や手配代行者の故意や過失に基づくものでなくとも、約款上、別表第2上欄の変更が生じた場合、旅行者が一定の補償金を受け取ることができる場合があります（募集型約款29条・別表第2）。これを旅程保証といいます。

すなわち、旅行内容のうち、契約書面所定事項に一定の重要な変更があっ

た場合（①旅行開始・終了日の変更、②入場観光地の変更、③運送機関の種類・会社名・低等級への変更、④空港・経由便の変更、⑤宿泊機関の種類・客室条件の変更、⑥ツアータイトル中の記載事項の変更等）は、変更理由が一定の免責事由（①天災地変、②官公署の命令、③運送、宿泊機関等の旅行サービス提供の中止、④当初の運航計画によらない運送サービスの提供、⑤安全確保のための措置等）に該当しない限り、旅行会社の故意・過失の有無にかかわらず、旅行業者は旅行代金の一部を返還しなければなりません。これを「旅程保証」制度といいます（Q27参照）。

　具体的には、旅行代金に対する定率の「変更補償金」が支払われることとなり、それぞれの事由ごとに1～5％、全体で15％が上限とされています。たとえばベルサイユ宮殿に行けなくなった場合、それが旅行開始前にわかったのであれば旅行代金の1％、旅行開始後であれば旅行代金の2％の補償金を受け取ることができます。40万円の旅行であれば、4000円か8000円になります。また、「ベルサイユ宮殿を訪ねる旅」というように募集広告に表示されていた場合は、補償金の額が上がり、旅行開始前であれば2.5％、開始後であれば5％となります。これらの金員については、旅行終了の日の翌日から起算して30日以内に支払うものと規定されています。なお、オーバーブッキングによって別表第2上欄に例示されている変更があった場合、天災地変等の免責事由には当たらず、変更補償金（旅程保証）の支払対象となることが特に規定されています（募集型約款29条1項本文カッコ書）。さらに、契約書面の記載内容と確定書面の記載内容との間に変更が生じた場合、確定書面の記載内容と実際に提供されたサービスが異なる場合、それぞれが旅程保証の対象となります（募集型約款別表第2・注2）。

2　ご質問のケースの検討

　ご質問のケースでは、ベルサイユ宮殿の観光中止が旅行業者または手配代行者の故意または過失に基づくものであれば、旅行業者は通常の損害賠償義

務を負い、旅行者は損害賠償請求できることになるでしょう。
　旅行業者に特に故意も過失も認められない場合は、募集型約款別表第２に列挙されている事由のうち、２号（入場観光地の変更）に当たり、原則として変更補償金の支払いを受けることができることとなると思われますが、損害賠償というには足らない金額になるでしょう。なお、変更補償金は、1000円に満たない場合は支払われません。

Q31 サッカーの観戦ツアーなのに試合を見られなかったトラブル

(1) サッカーワールドカップの観戦に加えて、現地の観光も組み込まれた内容の旅行契約を締結しました。ところが、出発日の直前になってから「観戦チケットが入手できていないため、今回の観戦ツアーは中止する」旨の連絡と、「当初の旅行内容からサッカー観戦のみを除いた内容の旅行を割安で催行するが、参加するか」という問合せを受けました。私は結局その旅行に参加したのですが、サッカーを観戦することができなかった以上、旅行会社に対して損害賠償を請求することはできるでしょうか。

(2) 出発日の直前になって「参加予定人数分のチケットが不足しているが観戦ツアーは予定どおり開催する。観戦ツアーに参加しない者には旅行代金を全額返還する。チケットは現地にて抽選で配布し、抽選に外れた者には旅行代金相当額を返還する」旨の連絡を受けました。私自身はツアーに参加し、幸いにも抽選に当選したのでサッカーを観戦することはできたのですが、実際に当選するまで、本当に観戦できるかどうか非常に不安な状態におかれました。旅行会社に対して、慰謝料を請求することはできるでしょうか。

▶▶▶ Point

・観戦ツアーのチケット不足については、観戦が予定されるイベントの規模・性質や、旅行業者によるチケットの入手過程、そしてチケット不足が判明した後にとられた対応等によって、慰謝料等が認められるか否かが左右されると考えられます。

第3章 企画旅行契約上の旅程管理債務・旅程保証をめぐる相談

1 チケット問題とは

　サッカー日本代表チームが初出場した1998年のワールドカップサッカーフランス大会（以下、「フランスW杯」といいます）では、多数の旅行業者によって観戦ツアーが企画されました。しかし、観戦チケットの配布や流通経路に関する管理の不手際等により、6月の開幕直前になっても主催旅行業者に観戦チケットが届かず、その結果、旅行者は旅行への参加自体をとりやめたり、観戦チケットがないまま現地へ出発せざるを得ない事態が多数生じ、社会問題となりました。以下では、ご質問のケースと似た、実際に裁判で争われた2つの事例を紹介します。

(1) 名古屋地裁平成11年9月22日判決

(a) 事案の概要

　ご質問(1)に類似した事案として、名古屋地裁平成11年9月22日判決（判タ1079号240頁）があります。

　同判決の原告は、フランスW杯での日本代表チームの試合観戦に加えて、現地の観光も組み込まれた内容の主催旅行に応募して旅行契約（以下、「本件旅行契約」といいます）を締結しましたが、出発予定日の2日前になって旅行業者から「観戦チケットが確保できていないため、同主催旅行は中止する」旨の連絡と、「サッカー観戦を除いて、他は同じ旅程の旅行を、約30％減額した価格で催行するので参加するかどうか」という問合せを受けました。原告は参加する旨を回答し、旅行代金の差額の返還を受けて旅行に出発しましたが、その際、損害賠償請求権は留保する意思を明らかにしていました。原告は予定されていた試合を現地のサッカースタジアムの外にあるスクリーンで観戦し、帰国した後、旅行業者に対して、①返還を受けていない旅

行代金、②旅行期間中休業したことによる逸失利益、③慰謝料15万円をそれぞれ請求したのです。

(b) **裁判所の判断**

裁判所は、原告は旅行業者に対して新たな旅程による旅行へ参加する旨の回答をしている以上、本件旅行契約は合意解除されるとともに、新たな旅行契約が締結されていると認めました。

そして、本件旅行契約が合意解除に至ったのは、旅行業者の責めに帰すことのできない事由によるものか否かについては、「旅行業者としては、……入場券入手に関して事前に懸念すべき状況が窺われたのである以上、手配業者等に対し、これに応じた確認、調査等を行い、その結果に応じた旅行の主催と募集を行うべき注意義務があり、右の注意義務を尽くしたことの立証がなされなければ、被告は旅行業者として債務不履行の責任を免れない」と判示して、旅行業者に債務不履行責任があることを認めました。

しかし、原告の損害については、①旅行代金残額は、新規旅行契約の代金に全額充当されていること、②休業損害は、原告の意思で新規旅行契約に基づく主催旅行に参加したことによるもので、本件旅行契約の合意解除に伴う損害とは認められないこと、③慰謝料については、お詫び料の趣旨を含めて割安に設定された新規旅行契約の代金との差額に当たる９万6000円が返還されているところ、入場券の手配代金が１名あたり３万5000円であることや、本件旅行契約の総代金額が41万8000円であること、合意解除の前後の旅行業者の対応はまずもって誠実とみられること等の諸事情を総合して勘案すると、割安の旅行が提供され差額が返還されたことのほかに支払いを認めるべき余地はないとして、請求を棄却しました。

ご質問(1)においても、旅行者は新たな旅程の旅行に参加している以上、旅行代金の差額を受領しているのであれば、旅行業者に対してさらに損害賠償を請求しても、認められる余地は少ないものと考えられます。

(2) 京都地裁平成11年6月10日判決

(a) 事案の概要

ご質問(2)に類似した事案として、京都地裁平成11年6月10日判決（判タ1006号298頁）があります。

ご質問(1)と同じく、同判決の原告も、フランスW杯での日本代表チームの試合観戦を組み込んだ主催旅行に応募して旅行契約（以下、「本件旅行契約」といいます）を締結しましたが、出発予定日の3日前になって、旅行業者から、①参加予定人数分の観戦チケットが確保できていないが、本件旅行は予定どおり催行する、②本件旅行に参加したが観戦チケットを最終的に入手できなかった旅行者に対しては、旅行代金相当額を払い戻す、③本件旅行に参加しない場合は、本件旅行契約の無条件解除を認め、旅行代金全額を払い戻す旨の連絡を受け、また翌日に④観戦チケットは現地で抽選により配布するとの連絡を受けました。原告は本件旅行に参加する旨を回答し、本件旅行に出発しました。原告は現地における観戦チケットの抽選に当選したので、サッカーを観戦することはできましたが、旅行会社には参加予定人数分の観戦チケットを入手できなかったという債務不履行があり、この債務不履行によって原告は試合の直前まで観戦できるかわからないという精神的不安を感じさせられ、また抽選に外れて観戦できなかった人たちに対する気遣いを強いられたとして、旅行業者に対して慰謝料15万円を請求したのです。

(b) 裁判所の判断

第一審の京都簡易裁判所は、旅行業者の債務不履行を認め、旅行者の精神的不安が法的保護に値するとして、慰謝料請求を認容しました（京都簡裁平成10年12月17日判決・判例集未登載）。

しかし、控訴審である京都地方裁判所は、以下のように判断して旅行業者の債務不履行責任を認めず、旅行者の請求を棄却しました。

まず旅行業者は、運送、宿泊その他の旅行サービスの提供がなされるように手配する債務を負うところ（手配債務）、「旅行業者は、手配債務の履行に

際し、旅行サービス提供機関の選択等に関して、あらかじめ十分に調査、検討して専門業者としての合理的な判断をし、また、その契約内容の実施について、変更を余儀なくされるおそれがある場合には合理的な措置をとるべき義務がある」旨の判断を示しました。そのうえで、本件の観戦チケット販売方法は、販売ルートが制限された特殊な態様であったことや、チケット購入契約の相手方は公式代理店である外国の団体であったこと等を理由に、旅行業者の手配債務の内容としては「観戦チケット購入契約を締結し、代金を支払うことで足り」、チケットを入手することまでは含まれないと判示しました。

そして旅行業者は、旅行サービス提供機関として上記公式代理店を選択し、他の業者を介在させることなく直接にその代理店と購入契約を締結していること、海外の手配業者に関する調査にも一定の限界があることからすれば、旅行業者は、手配業者の選択にあたり、専門業者としてできる限りの調査・注意義務を尽くしていたものとして、手配債務の履行について債務不履行責任は認められないと判断しました。

また観戦チケット不足が判明した後の旅行業者の対応についても、事前にチケット不足に対する対応策を練るのは困難な状況にあり、旅行業者の関与しない主催者側の事情で生じた問題であったことからすれば、旅行業者が事後にとった対応は、旅行内容の変更の幅をできる限り小さくするよう努力していると評価できるとし、さらに旅行業者がチケット不足を認識してから旅行者に対して前記①〜④の内容を通知するまでの期間も合理的なものであると評価できるとして、チケット不足が判明した後に旅行業者がとった対応についても債務不履行は認められないと判断したのです。

ご質問(2)においても、京都地裁判決と同様の事実関係であれば、慰謝料を請求しても認められる可能性は低いと考えられます。

2 まとめ

　ここで紹介した２つの判例は、あくまでサッカーワールドカップという、世界でも有数のスポーツイベントにおける観戦チケット不足という特殊なケースについて判断したものです。観戦が予定されるイベントの規模・性質や、旅行業者によるチケットの入手過程、そしてチケット不足が判明した後にとられた対応等の事実関係次第では、結論が異なる可能性もあります。

　類似のトラブルが発生した場合には、まず旅行業協会や消費生活センター、弁護士に相談してみるとよいでしょう。

Q32　フリープランにおける旅程管理債務の免除

Q32　フリープランにおける旅程管理債務の免除

　旅行業者のパンフレットを見て、夫婦で、３泊４日のフリープランで北海道旅行に出かけました。３泊目は富良野に宿泊した後、旭川空港から帰りの飛行機に乗る予定でした。ところが、旅行に出た３日目に季節外れの吹雪となってしまったのです。どうしても予定どおり帰宅しないと翌日からの仕事に差し支えるため、旅行業者に対し、電話で航空機の運行状況や今後どのようにしたらよいかを相談したのですが、的確な指示がありませんでした。やむをえず自分たちの判断で、当初の予定を変更して３泊目を札幌のホテルでの宿泊に変更し、千歳空港から帰りの飛行機に乗りました。無駄になった富良野のホテル代と帰りの航空機料金について、旅行業者に賠償請求することはできますか。

▶▶▶ Point
・国内のパックツアーにおいては、旅行業者の旅程管理債務が免除されている場合（いわゆるフリープラン）があります。

1　旅程管理債務とその免除

　企画旅行において、旅行業者は、旅程管理債務を負担しており、企画旅行が計画どおり実施されるよう必要な措置を講じなければならず、その努力にもかかわらず旅程変更が必要となった場合には、契約内容の変更を最小限に

151

とどめるように代替サービスの手配をする義務を負担するのが原則です。ところが、国内の企画旅行にあっては、旅行業者が、契約の締結の前に、旅行者に対し旅行業者が旅程管理債務を負担しない旨を説明し、かつ、航空券・宿泊券等の旅行サービスの提供を受ける権利を表示した一切の書面を旅行者に交付した場合には、特約によって、旅程管理債務が免除されるのです（施行規則32条2号・3号、募集型約款23条ただし書）。その趣旨は、国内旅行であれば、言葉や習慣の問題もなく、旅行者自身で突発事態へも対処することが可能であるため、旅程管理債務を免除しても旅行者保護に欠けるところはないという点にあります。

一般に、国内旅行の「フリープラン」と題する募集型企画旅行契約においては、そのパンフレットに、「このパンフレット記載のコースには、添乗員は同行いたしません。旅程表およびお客様が旅行に必要なクーポン類をお渡ししますので、旅行サービスの提供を受けるための手続はお客様ご自身で行っていただきます。また、悪天候等お客様の責めに帰すべき事由によらず旅行サービスの受領ができなくなった場合は、当該部分の代替サービスの手配や手続はお客様ご自身で行っていただきます」というような記載がなされているのが通常です。

2 ご質問の場合

ご質問の場合、あなたはフリープランを利用していますので、おそらく、こういった旅程管理債務の免除がなされているものと思われます。そうすると、本件において、旅行業者が吹雪という突発事態の発生に対して的確な電話による指示をしなかったとしても、もともと旅行業者は、旅程管理債務を免除されていたわけですから、旅程管理債務の不履行による責任を負担するいわれはなく、旅行者は、旅行業者に対して損害賠償を求めることはできないという結論になります。

ただ、旅程管理債務は、単に取引条件説明書や契約書面に記載しておくの

みでは免除にならず、契約前に旅行者に対して説明することが要求されています（施行規則32条2号・3号）。したがって、旅行業者の説明が十分ではなかったり、誤った説明がなされた場合には、旅程管理債務は免除されないこともあります。あるいは、仮に旅程管理債務が免除されたとしても、旅行業者の説明不足の場合には、説明義務違反による損害賠償責任が生じる可能性もあります。

Q33　3人のパック旅行でホテルのベッドが2つしかなかった

> ツアー旅行で、友人2人とともにイタリアに行きましたが、初日のホテルの部屋が、3人部屋のはずだったのに2人部屋になっており、ベッドが2つしかありませんでした。旅行業者に対してどのような請求ができますか。

▶▶▶ Point
・旅行業者に対する損害賠償、あるいは旅程保証による補償金請求が可能です。

1　旅行業者の負う義務

　旅行業者は、旅行者に対して「手配債務」と「旅程管理債務」を負います。

(1)　手配債務

　手配債務とは、旅行パンフレットなどに掲載した旅行計画内容に合致した航空機、バス、ホテルなどの旅行サービスを手配する義務です。手配債務の内容は一般に結果債務といわれており、請負などと同様、仕事の完成が義務履行の本質とされています。つまり手段はどうあれ、結果として顧客に約束したものを提供する義務があるということです。したがって、旅行業者は、予定されていた旅行サービス提供機関とサービス提供の契約を成立させて初めて手配債務を履行したことになります。たとえば、宿泊ホテルの確保であれば、パンフレット記載のグレードのホテルが満室であった場合、他の同グレードのホテルと交渉していたとしても、結果的に同グレードのホテルが確

保できなかった場合は債務不履行となります。

(2) 旅程管理債務

旅程管理債務は、たとえば、手配した飛行機が機材故障のためフライトできなかったり、宿泊ホテルが旅行前に火事になったりといった、手配完了後のトラブル発生について旅行業者に課される義務です。このような場合、旅行業者は、旅行契約内容に沿った旅行サービスの提供を受けられるように必要な措置を講じなければならず、どうしても契約内容を変更せざるをえない場合は、変更内容を最小限にとどめるように代替サービスの選択を行う義務があります（募集型約款23条1号・2号）。このような債務を手段債務といって、手配債務と異なり、不測の事態に対してトラブルを最小限にとどめようという努力義務を本質とします。したがって、トラブル発生時点での契約の趣旨に合致した措置をとったならば、旅行会社としては、その義務を履行したことになり、債務不履行にはなりません。たとえば、火事によって焼けてしまったホテルと同等のグレードのホテルを近隣で探したのであれば、結果的に同等グレードのホテルに泊まれなくても債務不履行にはならないのです。

(3) 債務不履行責任

以上のことから、旅程の変更に対して、旅行業者側に手配債務の不履行もしくは旅程管理債務の不履行があれば、旅行者は、旅行業者に対し、債務不履行責任に基づく損害賠償請求をすることができます（募集型約款27条1項、民法415条）。

2 旅程保証と変更補償金

旅行者にとって、旅程の変更は、その旅全体の満足度に大きな影響を及ぼします。しかし、旅行業者の債務不履行責任を追及するには旅行者側に多くの立証責任があり、そのハードルは決して低くありません。また、旅行業者の債務不履行責任があったとしても、その補償方法や金額は旅行業者ごとに

まちまちであり、交渉の経緯や旅行者側の態度によって保証内容が変わってしまう不公平な一面もありました。

　そこで、標準旅行業約款では、旅行業者が契約書面で約束した旅程について、一定の範囲内で計画どおりの旅行サービスが提供されることを保証し、その変更が生じた場合は旅行代金に一定率を乗じた額以上の変更補償金を支払うことを定めています（募集型約款29条。詳しくはＱ30参照）。なお、ホテル側のオーバーブッキングも旅程保証の対象にされています（同条１項カッコ書）。

　旅程保証に基づく変更補償金は旅行業者の債務不履行の有無を問わないので、一律で迅速な保証が可能です。しかしその反面、変更補償金の率が低く（旅行代金の１～５％、複数あっても最大15％）、補償として不十分である点は改善の余地があるところです。

3　速やかな申出の必要性

　旅行開始後に契約書面と異なる旅行サービスが提供された場合には、その場で旅行業者や添乗員、旅行サービス提供者（本件ではホテルのフロント等）にトラブルを申告することが大事です。なぜなら、約款により、このようなときには旅行者が旅行地で速やかに申し出ることが要求されているからです（募集型約款30条３項）。

　本件のような場合に、ホテルが２人部屋にエキストラベッドを入れ忘れていただけだった場合など、旅行者からの速やかな苦情があれば、トラブルに対して対処可能であり、損害軽減を図ることも可能であった場合などは、申告しなかったことを旅行者側の過失と捉えて、損害賠償額の減額が認められる場合があります（ただし、旅程保証に基づく変更補償金の場合は、当事者双方の過失とは無関係に補償されるのですから、申告が遅れたことによる損害の減額が認められるべきではありません）。また、旅行終了後に旅行業者に苦情を述べた場合、契約書面と異なったサービスの提供がなされたことの確認に時間

がかかり、損害賠償や旅程保証に基づく変更保証をスムーズに受けられない可能性もあります。

4　3人部屋が2人部屋になっていた場合

　まず、なぜ3人部屋が2人部屋になったのかを旅行業者に確認しなければなりません。あまり考えられないかもしれませんが、旅行業者側の何らかのミスで3人部屋やエキストラベッドが最初から足りなかった場合など、手配段階で旅行業者に明らかに責任がある場合は、手配債務の不履行になります。ホテル側のオーバーブッキングでエキストラベッドが不足した場合でも、旅行業者には変更の経緯を旅行者に説明する義務がありますし（募集型約款13条）、旅行者は旅行業者に旅程管理債務の履行を求めることができます。具体的には、旅行業者は当初泊まる予定だったホテル近隣の同等グレードのホテルに、3人部屋の空きがないかを調査する義務があります。

　ホテルの調査をしていなければ、旅行業者の旅程管理債務不履行が認められます。しかし、旅程管理債務は努力義務を本質としているので、旅行業者が苦情を受けて素早くきちんと調査していれば、結果的に3人部屋を確保できなくても、債務不履行にはなりません

5　損害および保証の範囲

　旅行業者に手配債務不履行あるいは旅程管理債務不履行が認められる場合の損害には、財産的損害と精神的損害が考えられます。この場合の財産的損害は、基本的には、当初予定されていたホテルの宿泊代金と考えればよいでしょう。また、精神的損害について、ベッドでの睡眠ができなかった場合（ソファや床で寝た場合など）は、それに対する慰謝料請求が可能です。

　なお、当初予定されていたホテルの3人部屋ということが「客室の種類」として契約書面に記載されていた場合、旅行業者側に債務不履行責任が認められるか否かにかかわらず、旅程保証に基づく補償金請求が可能です（募集

型約款29条１項・別表第２・８号、Ｑ27参照）。ご質問では、ホテルに到着してから３人部屋でないことが判明し、エキストラベッドもないことがわかったのですから、旅行開始後の内容変更であり、各自旅行代金の２％以上の補償金を旅行業者に請求できます。上記の理由がオーバーブッキング、オーバーフロー等による理由による場合は旅程保証の対象になり、わずかですが、変更補償金を受け取ることができます。また、予定されていた３人部屋でなかったことは同室の３人全員に当てはまることなので、ベッドで寝られた人についても客室の種類の変更が生じており、旅程保証が認められます。当該ホテルに泊まることがツアータイトルになっている場合は、変更補償金の率が上がり、５％以上となります（募集型約款別表第２・９号）。

6 近くのホテルの３人部屋を手配してもらえた場合

　旅行業者が近くのホテルの３人部屋を手配した場合においても、近隣のホテルのグレードが、当初宿泊予定のホテルに比して低かった場合、旅程管理債務を尽くしたかどうかが問題となります。他に同等以上のグレードのホテルが存在した場合、旅程管理債務を果たしているとはいえないので、債務不履行になります。この場合の損害額としては、部屋代の差額ということになると思われます。また、当初予定していたホテルに宿泊できなかったことによる慰謝料請求も考えられます。

　なお、当初予定されていたホテルの３人部屋ということが「客室の種類」として契約書面に記載されていた場合、旅行業者側に債務不履行責任が認められるか否かにかかわらず、旅程保証に基づく補償金請求が可能なのは、前述のとおりです。

第4章

安全確保義務、特別補償、海外旅行、傷害保険をめぐる相談

第4章 安全確保義務、特別補償、海外旅行、傷害保険をめぐる相談

Q34 旅行中に事故にあった場合、旅行業者にどのような責任を問えるか

> 海外パック旅行に参加した際、旅行の移動中に発生したバスの事故にあって負傷しました。海外旅行を企画した旅行業者に損害賠償請求できるでしょうか。

▶▶▶ Point

① 旅行者は、旅行業者の安全確保義務違反を理由として、損害賠償請求をすることができる場合があります。

② 安全確保義務違反の立証ができなかった場合でも、旅行者は、企画旅行参加中の事故による身体傷害につき、特別補償制度による請求をすることができます。

1 損害賠償請求の相手方

　海外パック旅行中にバスで移動しているときに交通事故にあった場合、まずは、そのバスを運行していたバス会社に損害賠償請求することが考えられます。ただ、バス会社は外国にあるため、交渉などをするにあたっても現地の言語でしなければならないこともありますし、損害賠償請求の裁判をするにしても海外でしなければならないという裁判管轄の問題や外国法が適用されるという準拠法の問題があり、困難を伴うことになります。

　そこで、ご質問にあるように、旅行者が海外パック旅行を企画した旅行業者に対して損害賠償請求できれば、旅行者にとって大きな救済となります。

　以下では、海外パック旅行を企画した旅行業者に対し、旅行者が損害賠償請求をすることができないかを検討することとします。

2 旅行業者の安全確保義務

　募集型企画旅行契約においては、旅行業者は、あらかじめ、自らの専門知識と経験を駆使して旅行計画を作成し、このような旅行計画の安全性を信頼した旅行者を募集することを営業として利益を得ているため、専門家として予想される危険を回避するべく合理的な判断を行い、添乗員等の指示に従って受動的に身体を移動させていくこととなる旅行者の生命・身体の安全を確保するべき契約上の義務を負っていると考えられます。このため、旅行業者は、安全な旅行行程を設定する義務、安全な運送・宿泊等サービス提供機関を選定する義務、添乗員が安全確保のため適切な措置を講ずべき義務等を履行することが要求されます。

　募集型約款27条1項は、旅行業者が故意または過失により旅行者に損害を与えたときは損害賠償責任を負担することを規定していますが、ここでいう「過失」には、安全確保義務違反が含まれると考えられています（山田希「旅行中の事故と旅行業者の安全確保義務」法政論集254号695頁）。

　なお、添乗員は、旅行業者の履行補助者として、臨機応変に安全確保義務を尽くさなければなりません（募集型約款25条）。また、旅行業者は、旅行者が疾病、傷害等により保護を要する状態にあるときは、適切な措置を講ずるべき保護義務を負っています（同約款26条）。

　旅行業者がこのような安全確保義務を尽くさなかったために、旅行中に発生した事故などによって旅行者に損害が生じたときは、旅行者は、旅行業者に対して、債務不履行（安全確保義務違反）による損害賠償請求をすることができると考えられます。

3 安全確保義務が課せられる根拠

　企画旅行において旅行業者に安全確保義務が課せられる根拠については、①旅行者は、旅行業者が策定した旅行計画の内容に従って身体を移動させて

いくことになるのだから、いわば旅行者の身体を預かることになった旅行業者が、旅行者の身体の安全の確保について責任を負うのが当然であること、②旅行計画は、旅行業者がその知識・経験を駆使して主体的に策定するものであり、特に募集型企画旅行の場合には旅行計画策定について旅行者は全く関与しないのだから、旅行計画の安全性についてはこれを策定した旅行業者に責任があること、③旅行業者は、旅行者から寄せられる旅行計画の安全性への信頼に基づいて利益を得ている以上、その信頼に応える責務があること等に求められます。

4 安全確保義務の内容

このように、旅行業者には安全確保義務が課せられているのですが、ここでもう少し、安全確保義務の具体的な内容について説明したいと思います。

旅行者が旅行業者の安全確保義務違反に基づく損害賠償を請求するにあたっては、当該旅行業者に課せられている安全確保義務の内容を具体的に指摘したうえで、旅行業者がその義務に違反した事実を主張する必要がありますので、旅行業者に課せられている安全確保義務の具体的内容がどのようなものかということは重要です。

(1) 裁判例における安全確保義務の内容

この点、海外パックツアーに関する安全確保義務について判断した裁判例（東京地裁平成元年6月20日判決・判時1341号20頁）によると、安全確保義務の内容として、次のことがあげられています。

① 安全確保のために日本国内において可能な調査（当該外国の旅行業者、公的機関等の協力を得てする調査も含む）、資料の収集を行うこと

② 当該外国における平均水準以上の旅行サービス提供機関を選択し、これと旅行サービス提供契約を締結するようにすること

③ 旅行の目的地および日程、移動手段等の選択に伴う特有の危険（たとえば、旅行目的地において感染率の高い伝染病、旅行日程が雨期に当たる場

合の洪水、未整備状態の道路を車で移動する場合の土砂崩れ等）が予想される場合に、その危険をあらかじめ除去する手段を講じ、または旅行者にその旨を告知して旅行者が自らその危険に対処する機会を与える等の合理的な措置を講じること

(2) 裁判例における安全確保義務違反についての判断

この裁判は、台湾でのパックツアー中、旅行者が乗車したバスが、対向車を避けようとしてハンドル操作を誤り、道路外に転落して死傷者が出たという事案に関するものでしたが、裁判所は次のとおり認定して、旅行業者に責任はないと判断しました。

① 旅行行程設定に関する過失：交通の頻繁な幹線道路であった本件事故現場を含む道路をバス行程とした本件旅行行程の設定につき、安全確保義務違反は認められない。

② 運送サービス提供機関選定上の過失：旅行業者としては、旅行先の国における法令上資格ある運送機関と運転手を手配し、かつ、法令上運行の認められた運送手段を選定することで足りるので、本件では安全確保義務違反は認められない。

③ 添乗員の過失：添乗員の義務は、車体の老朽または著しく磨耗したタイヤが装着されている等の外観から危険性が容易に判断しうるときにそのバスの使用をやめさせること、酩酊運転や著しいスピード違反運転または交通規制の継続的無視のような乱暴運転など事故を起こす可能性の高い運転をやめさせること、台風や豪雨等の一見して危険とわかる天候となったときに旅程変更の措置をとることといった義務に尽きるので、本件では安全確保義務違反は認められない。

(3) その他の裁判例

なお、海外でのバス事故の場合には、旅行業者の安全確保義務違反が認められる例は少ないようです（否定例になりますが、裁判例としては、静岡地裁昭和55年5月21日判決・交民集13巻3号667頁、東京地裁昭和63年12月27日判決・

判タ730号190頁、東京地裁平成元年6月20日判決・判タ730号171頁、大阪地裁平成20年9月30日判決・交民集41巻5号1323頁、東京地裁平成25年4月22日判決・ウェストロー・ジャパンなどがあります）。

5 特別補償規定

　安全確保義務違反が認められない場合であっても、企画旅行の場合には、標準旅行業約款に基づき、旅行業者には特別補償責任が生じます。特別補償責任とは、企画旅行において、旅行業者に故意または過失がなくても、旅行中の事故による旅行者の生命・身体・携行品への被害について、一定額の補償金・見舞金を支払うべき責任です（Q37参照）。

Q35 旅行業者の第一次的責任と企画旅行契約の性質

パック旅行中の事故の場合に、「旅行業者の第一次的責任」を肯定する見解に立つと、旅行者の旅行業者に対する損害賠償が認められやすくなると聞きましたが、いったい、どういう意味でしょうか。

▶▶▶ Point
① 旅行業者の第一次的責任を認める見解(請負契約説、売買契約説)があります。
② 第一次的責任とは、サービス提供事業者(たとえば宿泊先のホテルやバス会社など)に債務不履行があった場合に、旅行者に対して旅行業者が直接負担する契約責任のことをいいます。

1 旅行業者の第一次的責任

旅行を構成する各種運送・宿泊サービス等について、サービス提供事業者の債務不履行があった場合に、旅行者に対して旅行業者が直接負担する契約責任のことを、「旅行業者の第一次的責任」といいます。

企画旅行契約においては、旅行者は旅行業者との間でも契約を締結するほか、サービス提供事業者(たとえば宿泊先のホテルやバス会社など)との間でも契約を締結することになります(旅行契約の複合契約性)。このため、サービス提供事業者に債務不履行があった場合に、旅行業者が旅行者に対して責任を負うと考えるのかどうかといった点が問題となります。

2 企画旅行契約の法的性質——準委任契約説、請負契約説、売買契約説

　企画旅行契約の法的性質に関しては、大別して準委任契約説、請負契約説、売買契約説があるといわれています（堀竹学「企画旅行契約の法的性質」北東アジア研究18＝19号33頁）。

(1) 準委任契約説

　準委任契約説とは、旅行業者は、各種運送・宿泊サービス等の手配を基本的な義務内容とし、旅行者とサービス提供事業者との間に立って旅行者がサービスを受けられるよう個別的に代理・媒介・取次ぎをすることを引き受けるにすぎず、旅行契約の法的性質は準委任であるとする見解です。

　準委任契約説によれば、旅行業者は、サービス提供業者と旅行者との間の契約を成立させれば企画旅行契約における旅行業者の債務を果たしたこととなり、旅行中に各種サービス提供業者の債務不履行が生じたとしてもそれが直接旅行業者の債務不履行になるものではないということになります（現在の裁判例は、この見解に沿って考えているものが多いといわれています）。

　たとえば、旅行中にバスで移動しているときに交通事故等にあった場合でも、当該バス会社に過失があるだけでは、バス会社の責任を追及することはできますが、旅行業者の責任を問うことはできず、別途、旅行業者に安全確保義務違反が認められなければ企画旅行契約義務違反が認められることにはなりません。このため、安全確保義務違反の有無が争点となります（Q34参照。Q34はこれまでの裁判所の考え方に即して説明しています）。

(2) 請負契約説

　請負契約説とは、旅行業者は、自己の判断に基づいて独自に各種運送・宿泊サービス等を選択し、組み合わせたうえで一括して提供し、その対価も包括して受け取っているものであるから、旅行契約の法的性質は請負であるとする見解です。

請負契約説によれば、旅行業者は、旅行サービス全体を履行する債務を自ら負担し旅行目的を達成することについて責任を負っていると考えることになりますので、旅行者とサービス提供業者との間で契約を成立させただけでは債務を免れず、実際に旅行中にそれらのサービスが履行されることについてまで責任を負うことになります。

　すなわち、サービス提供事業者は旅行業者の履行補助者であって、その補助者に過失があれば、旅行業者自身の帰責事由の有無を問うことなく、旅行業者の責任が全般的に認められることになるのです（この説に立てば、Q34のような事故が発生したときも、旅行業者の安全確保義務を問題にすることなく、バス会社に交通事故を起こしたことに過失がありさえすれば、旅行業者に対して直接に責任追及できることとなります）。

(3) 売買契約説

　売買契約説とは、旅行業者は、各種運送・宿泊サービス等の個々の給付を集積して、それらのサービスを受けられる地位を1個の商品の形態で売り出しているものであって、旅行契約の法的性質は商品売買契約に類似したものであるとする見解です。

　売買契約説によれは、旅行業者は、旅行という1個の商品を売り出していると考えることとなるため、サービス提供事業者に債務不履行があった場合には、旅行を構成するサービスの内容・品質に瑕疵があったということになり、旅行業者自身の帰責事由の有無を問うことなく、旅行業者は旅行者に対して第一次的責任を負うこととなります。

3 請負契約説または売買契約説を支持すべき

　このように、企画旅行契約の法的性質をどのように考えるかによって、旅行中にトラブルが発生したときの旅行業者に対する責任の追及の仕方も異なってくることにもなります。以下のような観点からすれば、旅行業者の第一次的責任を肯定する請負契約説または売買契約説の考え方が、相当である

と思われます。

(1) 提携責任

　企画旅行契約において、旅行業者は、自己を中核として、運送・宿泊などのサービス提供業者による給付を統合し、各給付の内訳を表示せず一体としての価格を表示して提供しています。旅行業者は、各サービス提供事業者との事業提携により、その中枢に位置して利益を獲得しているものであって、報償責任の法理（利益が帰するところに損失もまた帰するという法原則）から、サービス提供事業者の行為について責任を負担するべきであると考えられます。

(2) システム責任

　旅行業者は、自らの責任で各種サービスを統合して１個の商品として企画旅行を提供しています。したがって、単にサービス提供業者の選任・監督をなすべき地位にあるにとどまらず、目的地での危険について事業者として情報を有し、かつ、リスクを考慮した対価設定やリスクの分散（保険加入など）を主体的になしうる地位にあるものであって、危険を組織的に管理・支配する地位にある者として、危険責任の法理（他人を用いることで事業を拡大し、本人のみの活動による場合よりも他人に損害を与える危険を増加させた者は、その危険が現実化したとみられる損害について賠償責任を負うという法原則）から、サービス提供事業者の行為について責任を負担するべきであると考えられます。

(3) 外観への信頼責任

　旅行業者は、旅行者に対し、対価（旅行代金）の内訳も明示することなく、１個の商品として自社ブランド名により企画旅行を販売しています。旅行者も、サービス提供業者が代理・媒介によって直接的契約関係に立つものなのか取次ぎによって旅行業者を介した間接的契約関係に立つものなのかについて契約意思を及ぼしてはおらず、旅行業者を信頼して取引に入っています（特に、旅行者は、海外におけるサービス提供業者の過失による事故について

損害賠償を求める渉外訴訟を提起することなど予定していません）。このような実態からすれば、旅行業者は自ら作出した外観に対する信頼どおりの責任を負担するべきです。

(4) 法律の文言

平成17年4月1日に施行された旅行業法2条4項の企画旅行契約の定義からは、従前の旅行業法2条5項には規定されていた「代理、媒介、取次」の文言が外されました。また、旅行業者は、「自己の計算において」サービス提供業者と契約を締結することとなっています（同法2条1項1号・2号）。したがって、企画旅行契約は、準委任契約として法律構成されているとはみられず、請負契約または売買契約としての性格を呈することとなったと考えられます。

(5) 比較法

EU加盟国では、1990年6月に制定されたパック旅行EC指令において、旅行契約の定義、旅行主催者の責任、旅行情報の提供、苦情処理、旅行主催者倒産の場合の旅行者保護措置、旅行条件の内容とその変更等に関して一定基準による国内法化が求められました。そして、そのEC指令の中では、旅行業者の第一次的責任を立法するように加盟国に要求しています。このパック旅行EC指令の国内法化により、イギリス、ドイツ、フランスといったヨーロッパ主要国においては、サービス提供業者の過失について旅行業者が旅行者に対して直接的な責任を負うものとされています。国際化の時代に、日本だけが例外ではありえないと考えられます（高橋弘「EUと日本における主催旅行契約（募集型企画旅行契約）の状況」広島法学30巻1号306頁参照）。

(6) 求償可能性ないし付保可能性

無過失であるにもかかわらず旅行者に対して責任を負担せざるをえなかった旅行業者は、旅行サービス提供業者に対して、契約関係を介して、求償を求めることができるはずです。あるいは、損害保険契約を締結することによりリスクを回避したり、無過失責任を負担することになるコストを旅行代金

に上乗せすることも、旅行業者にとっては可能でしょう。さらにいえば、旅行業者は、企画旅行においては、自らサービス提供業者を選任する立場にあるのだから、十分な能力を有するサービス提供業者を利用すれば、旅行者に対して責任を負担するような事態は極力回避することができるはずであり、旅行業者の第一次的責任を肯定することは、適切なサービス提供業者を選任するインセンティブを旅行業者に与えることにつながります。

(7) まとめ

以上のとおり、請負契約説または売買契約説の立場に立って考えると、企画旅行において、運送・宿泊などのサービス提供業者に安全面での過失があった場合には、旅行業者は、旅行業者自身の過失の有無を問わず、当然に契約上の債務不履行責任を負担するという結論になります。

ただし、このような考え方に立った判例は、現在のところ存在しておらず、裁判実務においては、旅行業者に安全確保義務違反があったか否かが、損害賠償請求にあたっての焦点になることは避けられません。

コラム⑤ 旅行者が旅行業者に対して特別の配慮を求めることができる範囲

旅行者が旅行業者に対して、旅行中に、「子どもや高齢者の世話もしてほしい」「旅行中のアレルギー食品を排除してほしい」といった特別の配慮を求めることがあります。旅行者は旅行業者に対してどの程度の配慮を求めることができるのでしょうか。

募集型約款5条4項は、「募集型企画旅行の参加に際し、特別な配慮を必要とする旅行者は、契約の申込時に申し出てください。このとき、当社は可能な範囲内でこれに応じます」と規定しており、旅行業者は、旅行者からの事前の申出に対しては、「可能な範囲で」応じる義務があります。したがって、旅行者はこの範囲で配慮を求めることができます。旅行業者にとって可能かどうかは、旅行業者の規模、能力、具体的な旅程等個別の事案ごとに判断さ

れることになります。ただし、同条5項は、「前項の申出に基づき、当社が旅行者のために講じた特別な措置に要する費用は、旅行者の負担とします」と規定しており、旅行者は増加した費用の負担をしなければなりません。

　これに対して、旅行業者は、旅行者から契約の申込時に特別な配慮の申出を受けた場合に、これに応じることができないと判断するときには、契約の締結を拒否できます（募集型約款7条3号・6号・8号）。

　また、旅行業者は、契約成立後に旅行者が特別な配慮を申し出た場合で、これに応じることができないと判断したときは、旅行業者は、「旅行者が、契約内容に関し合理的な範囲を超える負担を求めたとき」（募集型約款17条1項4号）に該当するものとして旅行契約を解除することができます。

　旅行者が特別な配慮を申し出た場合で、旅行業者が応じることができないと考えられるケースは、海外旅行に行く際に、特定の食物に関してアレルギーがあるため、旅行中提供されるすべての食事から当該食物の除去を求める場合や、高齢者である旅行者の常時介護を添乗員に求める場合などが考えられます。

第4章　安全確保義務、特別補償、海外旅行、傷害保険をめぐる相談

Q36　オプショナルツアー中の事故の場合、旅行業者の責任を問えるか

> アフリカへのパックツアーに参加しました。その旅行中に自由行動日が設けられており、特に予定もなかったことから、主催した旅行業者の旅行日程表に書かれていた「バルーン・サファリ」というオプショナルツアーに参加したところ、着陸時に熱気球のゴンドラが転倒し、肋骨を折る重傷を負いました。旅行業者は責任をとってくれるのでしょうか。

▶▶▶ Point

・オプショナルツアー中の事故については、①主たるパック旅行業者が主催していた場合、②主たるパック旅行業者が主催したかのような外観が作出されている場合には、旅行業者の安全確保義務違反による損害賠償請求が可能なことがあります。

1　旅行業者への責任追及を検討する背景

　海外パック旅行のオプショナルツアー中に事故にあった場合、旅行者が直接、過失により事故を起こした現地の事業者の責任を追及していくのは、言語や距離等の問題により非常に困難です。

　そこで、このような場合、旅行者としては、募集型企画旅行を企画した旅行業者（以下、「主たるパック旅行業者」といいます）に対して責任追及をしていきたいところです。

　しかし、オプショナルツアーについては、主たるパック旅行業者が自ら主催していない場合もありますので、オプショナルツアー中の事故については、募集型企画旅行上の事故の場合とは別に考える必要があります。

2 オプショナルツアーとは

「オプショナルツアー」とは、企画旅行参加中の旅行者を対象として、自由行動時間などを利用し、別途の旅行代金を収受して実施される小旅行のことをいいます。ここでは、ご質問の事例のように、企画旅行の日程表の中にオプショナルツアーとしてその内容が記載されているものを対象に検討します。

オプショナルツアーは、主たるパック旅行業者が主催している場合と、現地業者が主催している場合とがあります。

主たるパック旅行業者がオプショナルツアーを主催する場合には、オプショナルツアーは主たるパック旅行契約の内容の一部として取り扱われています（募集型約款28条4項）。そのため、特別補償は、主たるパック旅行とオプショナルツアーとで二重に支払われるのではなく、1つの事故について1回だけ支払われることになっています。

また、取引条件説明書（パンフレット）においては、オプショナルツアーの主催業者と主たるパック旅行業者が異なる場合には、明確にその旨を記載しなければならない取扱いとなっています。すなわち、「企画旅行に関する広告の表示基準等について」（通達）では、「5　特別の事項に関する表示(1)オプショナルツアー」において、次のように定めています。

> 少なくとも次の事項を表示すること。
> ① オプショナルツアーの企画者が企画旅行業者と異なる場合にあっては、その旨
> ② ツアーの内容、料金、取消料その他の実施条件
> ③ ツアーの申込方法

③ 主たるパック旅行業者がオプショナルツアーも主催した場合の責任

　主たるパック旅行業者がオプショナルツアーも主催する場合には、募集型約款28条4項の規定にもあるとおり、オプショナルツアーは主たる募集型企画旅行の一部を構成すると考えられます。したがって、この場合には、オプショナルツアー中の事故といっても、主たるパック旅行中の事故と同様に考えてよく、主たるパック旅行業者は、安全確保義務を負っていますし、また第一次的責任を負担するという考え方もありうるところです（Q35参照）。

　主たるパック旅行業者がオプショナルツアーを主催したといえるか否かは、主たるパック旅行業者がオプショナルツアーにより具体的な利益を受けていたか、現地業者とどのような関係にあるか、オプショナルツアーの勧誘を主たるパック旅行業者が主体的に行ったかなどにより実質的に判断すべきと考えられます。

　たとえば、主たるパック旅行業者が、現地業者が決めたオプショナルツアーの旅行代金に、自己の利益を上積みして、新たな旅行代金を設定し、これを旅行者から収受していた場合には、主たるパック旅行業者は、現地業者が主催する旅行契約を仕入れたうえで、これを自らの企画旅行として旅行者に提供したものにほかなりませんので、このような場合には、主たるパック旅行業者がオプショナルツアーを主催したと考えるべきです。

④ 主たるパック旅行業者がオプショナルツアーを主催したとはいえない場合の責任

(1) 現地業者の選定について負担する安全確保義務

　主たるパック旅行業者がオプショナルツアーを主催したとはいえない場合には、ご質問のような熱気球業者の過失を原因とする事故について、安全確保義務を負担しているのは、オプショナルツアーを主催した現地業者という

Q36 オプショナルツアー中の事故の場合、旅行業者の責任を問えるか

ことになると思われます。

　それでは、主たるパック旅行業者は何の責任も負担しないのでしょうか。

　パック旅行においてオプショナルツアーの利用は増加しており、旅行者にとっては、オプショナルツアーの内容もパック旅行を選ぶ際の指標となっていることからすれば、主たるパック旅行業者もオプショナルツアーにより恩恵を受けているといえます。

　そして、主たるパック旅行業者は、自らの旅行契約の企画にあたり、現地業者の主催するオプショナルツアーを自由時間にあてる候補として紹介したのですから（ご質問のケースでは、主たるパック旅行の旅行日程表に当該オプショナルツアーが記載されています）、運送機関による運送サービス、宿泊サービスを企画する場合と同様、旅行サービス機関の選任にあたって合理的な配慮をしなければならず、たとえば現地業者の現地での資格の有無、事故の前歴の有無、オプショナルツアーの実施状況などを調査把握したうえで、事故のおそれのない業者を選定しなければならないと考えられます。すなわち、主たるパック旅行業者は、オプショナルツアーを主催する現地業者の選定に限っては、安全確保義務を負担していると考えられます（大阪地裁平成9年9月11日判決・交民集30巻5号1384頁参照）。

　また、主たるパック旅行業者が現地業者にオプショナルツアーを取り次ぐ場合、主たるパック旅行業者は、旅行者に対して、委任契約に基づく善管注意義務を負担しており、オプショナルツアーの内容や料金を旅行者に説明するとともに、日本語による案内がないオプショナルツアーの場合にはその旨を旅行者に伝えたり、当該オプショナルツアーの危険性についても一定の説明義務を負担していると考えられます（東京地裁平成15年4月28日判決・判例秘書ID05831847）。

　このように、主たるパック旅行業者がオプショナルツアーも主催した場合と主催しなかった場合とで生じる違いは、後者の場合、主たるパック旅行業者は、旅行行程の立案や当該オプショナルツアーに同行した案内人等の過失

に基づく責任を、原則的に負わない点にあると考えられます。

(2) 外観法理に基づく責任

　主たるパック旅行業者がオプショナルツアーを主催したとはいえない場合であっても、パンフレットに記載されているオプショナルツアーにつき、その主催者として現地業者の記載がない場合など、オプショナルツアーを主催するのは主たるパック旅行業者であるかのような外観がある場合には、旅行者は、主たるパック旅行業者がオプショナルツアーを主催しているものと考えるのが当然です。

　したがって、オプショナルツアーを主催するのは主たるパック旅行業者であるかのような外観がある場合には、たとえ実際は現地業者がオプショナルツアーを実施したときであっても、名板貸しの責任（商法14条）に代表される外観法理に基づき、主たるパック旅行業者は、自らがオプショナルツアーを主催したのと同様の責任を負担することになると考えられます。

　商法14条は、「自己の商号を使用して営業又は事業を行うことを他人に許諾した商人は、当該商人が当該営業を行うものと誤認して当該他人と取引をした者に対し、当該他人と連帯して、当該取引によって生じた債務を弁済する責任を負う」と規定しています。この商法14条の規定する名板貸しの責任は、外観法理、すなわち、真実と異なる見かけ（外観）を作り出した者は、その見かけを信用して取引に入った者に対して、外観どおりの責任を負うべきであるという民事法上の一般理論に基づくと考えられているのです。判例は、この名板貸しの責任の適用を広く認めていることから（最高裁平成7年11月30日判決・民集49巻9号2972頁）、パンフレットに記載されているオプショナルツアーについて現地業者が主催する旨の説明がない場合等にも、この法理が適用されるべきです。

5　ご質問の事案の検討

　ご質問の場合、オプショナルツアー中の事故については、①主たるパック

旅行業者が主催していたといえる場合、②主たるパック旅行業者が主催したかのような外観があった場合には、主たるパック旅行中の事故と同様に考えてよく、主たるパック旅行業者は安全確保義務を負担すると考えられます。

　また、このような事情のない場合にも、主たるパック旅行業者は、現地業者の選定に限っては安全確保義務を負っていると考えられます。

　安全確保義務違反があった場合、旅行業者は、旅行者に対して、損害賠償責任を負うことになります。

第4章　安全確保義務、特別補償、海外旅行、傷害保険をめぐる相談

Q37　パック旅行中に事故にあった場合の補償
　　　　──特別補償制度

> 私は、海外のパック旅行中にひったくりにあい、パスポート、現金約3万円、カメラなどが入ったカバンを奪われたうえ、転倒して足を骨折し2週間入院しました。旅行中の事故に関して特別補償規程というものがあるそうですが、このような場合、何か補償されるのでしょうか。どのような規程か教えてください。

▶▶▶Point

① 特別補償制度とは、企画旅行中に受けた損害に対して、旅行業者の故意・過失の有無にかかわらず補償金や見舞金が支払われる制度です。
② 補償の額や範囲は、旅行者が受けた一定の損害に限られています。約款の特別補償規程を確認してください。

1　特別補償規程とは

　旅行者が、企画旅行中に事故にあって、生命、身体または手荷物に損害を受けた場合、旅行業者に故意または過失があれば、当然に損害賠償請求をすることができます。

　ただし、募集型約款28条および受注型約款29条においては、このような損害が生じた場合、旅行業者の故意・過失の有無にかかわらず、旅行業者は旅行者に一定の補償金および見舞金を支払わなければならないとされています。これが、特別補償の制度です。特別補償については、募集型約款・受注型約款の別紙・特別補償規程に詳しく定められています。

　特別補償の制度は、旅行者が旅行中の事故で損害を受けた場合に、旅行業者の故意・過失の有無にかかわらず、旅行業者に補償金などを請求できるこ

とから、旅行者の保護を図るための制度といえます。募集型企画旅行・受注型企画旅行のどちらにもありますが、ここでは、募集型企画旅行における特別補償の制度を中心に述べます。なお、手配旅行契約については、特別補償制度は認められていません。

2 特別補償の制度

特別補償の制度は、①旅行者の生命・身体が害された場合と、②旅行者の携帯品に損害を受けた場合とに区別されています。

3 旅行者の生命・身体が害された場合に補償金等が支払われる場合

(1) 支払いが認められる対象

(a) 基本要件

旅行業者が実施する企画旅行に参加する旅行者が、その企画旅行参加中に急激かつ偶然な外来の事故によって身体に傷害を被ったときは、旅行者に対し、補償金や見舞金が支払われます（特別補償規程1条）。

ここにいう「急激かつ偶然な外来の事故」とは、突発的に発生する予知されない出来事であり、傷害の原因が外部からの作用によるものをいいます。

また、「企画旅行参加中」とは、旅行者が企画旅行に参加するために旅行業者が手配した旅行日程に定める、最初の運送・宿泊機関等のサービスの提供を受けることを開始した時から、最後の運送・宿泊機関等のサービスの提供を受けることを完了した時までの期間をいいます（特別補償規程2条2項）。具体的には、添乗員等が受付をしているときは、その受付を完了した時から添乗員等が解散を告げた時までになります。添乗員がいないときは、各交通機関や施設ごとに、詳細に定められています（特別補償規程2条3項・4項）。

(b) オプショナルツアー参加中の場合

当該旅行を主催する旅行会社が実施するオプショナルツアー参加中の事故に関しても、特別補償の対象となります（募集型約款28条4項、Q36参照）。

ただし、旅行者が、行程から離脱・復帰する予定日をあらかじめ届け出ることなく離脱したときや復帰の予定なく離脱したとき、また、旅行日程に旅行業者の手配にかかる運送・宿泊機関等のサービスの提供を一切受けない日が定められている場合で、その旨およびその日に生じた事故による損害に対しては補償金等が支払われないことが契約書面に明記されているときには、その間に生じた事故による損害に対しては、補償金等は支払われません（特別補償規程2条2項ただし書）。

(c) 食物中毒になった場合

「身体に傷害を被ったとき」には、細菌性食物中毒となった場合は含まれないとされており（特別補償規程1条2項ただし書）、旅行中に細菌性食物中毒になったことが原因で体調を崩した場合には補償金等は支払われません。しかし、そもそもパック旅行の内容とされていた食事によって細菌性食物中毒になった場合に、補償金等が支払われないというのは、旅行者保護の観点から問題があり、約款規定の見直しが必要でしょう。

それ以外にもさまざまな例外が定められていますので（特別補償規程3条～5条の2）、補償金等を請求するにあたっては、補償の対象とされているかを確認する必要があります。

(2) 支払われる補償金等の額

旅行者またはその法定相続人には、次のとおり、死亡補償金、後遺障害補償金、入院見舞金および通院見舞金が支払われます（〔表7〕参照）。

(a) 死亡補償金

旅行者が、企画旅行参加中の事故によって身体に傷害を被り、事故の日から180日以内に死亡した場合には、旅行者1名につき、海外旅行を目的とする企画旅行においては2500万円、国内旅行を目的とする企画旅行においては1500万円が支払われます。ただし、死亡した旅行者が、すでに(b)の後遺障害

〔表7〕　特別補償金
① 死亡補償金、後遺障害補償金

国内旅行	1500万円	海外旅行	2500万円

② 入院見舞金

期間・日数	国内旅行	海外旅行
7日未満	2万円	4万円
7日以上90日未満	5万円	10万円
90日以上180日未満	10万円	20万円
180日以上	20万円	40万円

③ 通院見舞金

期間・日数	国内旅行	海外旅行
3日以上7日未満	1万円	2万円
7日以上90日未満	2.5万円	5万円
90日以上	5万円	10万円

④ 身の回りの品の障害補償金

国内旅行	最大15万円	海外旅行	最大15万円

補償金を受け取っている場合には、その金額は、死亡補償金から差し引かれます（特別補償規程6条）。

　(b)　後遺障害補償金

　旅行者が、企画旅行参加中の事故によって身体に傷害を被り、事故の日から180日以内に後遺障害が生じた場合には、旅行者1名につき、後遺障害の程度に応じて、死亡補償金の3％〜100％の割合の金額が支払われます（特別補償規程7条・別表第2）。たとえば、両眼が失明したときや言語が全く機能しなくなったときなどは死亡補償金の100％、両耳の聴力を全く失ったときは死亡補償金の80％、片腕または片脚を失ったときは死亡補償金の60％の金額が支払われます。また、同一事故により2種以上の後遺障害が生じたときは、原則としてその合計額を支払うこととされています（同条4項）。

　なお、事故の日から180日を超えても治療を要する状態にある場合は、事故の日から181日目における医師の診断に基づいて後遺障害の程度を認定し

て、後遺障害補償金が決定されるしくみとなっています（同条2項）。

　(c)　入院見舞金

　旅行者が、企画旅行参加中の事故によって身体に傷害を被り、平常の業務または平常の生活ができなくなって、かつ入院した場合には、入院日数に応じて、海外旅行を目的とする企画旅行においては4万～40万円、国内旅行を目的とする企画旅行においては2万～20万円が支払われます（特別補償規程8条1項）。また、入院しない場合であっても、両眼の矯正視力が0.06以下となるなどの重大な障害が生じている場合で、かつ医師の治療を受けたときは、その障害が発生している期間については、入院見舞金が支払われます（同条2項・別表第3）。さらに、入院見舞金と死亡補償金または入院見舞金と後遺障害補償金を重ねて支払うべき場合には、その合計額を支払うこととされています（同条3項）。

　(d)　通院見舞金

　旅行者が、企画旅行参加中の事故によって身体に傷害を被り、平常の業務または平常の生活に支障が生じ、かつ事故の日から180日以内に3日以上通院（往診も含む）した場合には、通院日数に応じて、海外旅行を目的とする企画旅行においては2万～10万円、国内旅行を目的とする企画旅行においては1万～5万円が支払われます（特別補償規程9条1項）。また、通院しない場合でも、骨折等の傷害を被った部位を固定するために医師の指示によりギプス等を常時装着した結果、平常の業務または平常の生活に著しい支障が生じたと旅行業者が認めたときには、通院見舞金が支払われます（同条2項）。ただし、入院日数および通院日数がそれぞれ1日以上となった場合は、ⓐ入院日数に対して支払われるべき入院見舞金、ⓑ通院日数に入院日数を加えた日数を通院日数とみなしたうえで支払われるべき通院見舞金のいずれか金額の大きいものが支払われるとされています（同規程10条）。

(3)　補償金等請求の手続

　旅行者またはその法定相続人が補償金等の請求をする場合には、旅行業者

所定の補償金請求書だけでなく、請求する補償金の種類に応じて、公の機関の事故証明書、医師の診断書、入院日数・通院日数を記載した病院の証明書類等を提出しなければなりません（特別補償規程14条）。

4 旅行者の携帯品に損害を受けた場合に補償金等が支払われる場合

(1) 支払いの対象

旅行者の携帯品に損害を受けた場合に、補償金（損害補償金）が支払われるのは、旅行業者が実施する企画旅行に参加する旅行者が、その企画旅行参加中に生じた偶然な事故によってその所有の携帯品（補償対象品）に損害を被ったときです（特別補償規程16条）。ここでいう「企画旅行参加中」とは、旅行者の生命・身体が害された場合と同様です（前記3(1)(a)参照）。

補償対象品は、旅行者が企画旅行参加中に携行する物品に限られますが、例外が詳細に定められています（特別補償規程18条）。具体的には、①現金、有価証券、切手、②クレジットカード、航空券、パスポート、③設計図、帳簿、これらの情報が記録された磁気ディスク、④自動車、原動機付自転車やその付属品、⑤山岳登はん用具、⑥義歯、コンタクトレンズ、⑦動物、植物等は補償の対象となりません。

また、損害額が3000円以下（旅行者1名・1事故あたり）の場合には、損害補償金は支払われません（特別補償規程19条3項ただし書）。

それ以外にも、さまざまな例外が定められていますので、損害補償金を請求するにあたっても、補償の対象とされているかを確認する必要があります。

(2) 支払われる金額

旅行者が、企画旅行参加中の事故によって、旅行者所有の携帯品に損害を被った場合には、旅行者1名につき、15万円までの損害補償金が支払われます（特別補償規程19条3項、〔表7〕参照）。

そして、損害補償金は、①損害が生じた時間・場所における補償対象品の価格または②補償対象品を損害発生の直前の状態に戻すのに必要な修繕費のいずれか低い額とされています（特別補償規程19条１項）。この金額を算定する際、補償対象品１個の損害額が10万円を超えるときは、その補償対象品の損害額は10万円とみなされます（同条２項）。

　ただし、携帯品の損害に対して、保険金を支払うべき保険契約がある場合には、旅行業者は支払うべき損害補償金の額を減額することがあります（特別補償規程22条）。

(3)　損害補償金を請求する手続

　旅行者またはその法定相続人が、損害補償金の請求をする場合には、旅行業者所定の請求書だけでなく、事故証明書、補償対象品の損害の程度を証明する書類等を提出する必要があります（特別補償規程21条）。

5　損害賠償責任との関係

　旅行業者は、故意・過失がなくとも特別補償責任を負いますが、さらに故意・過失があれば、募集型約款27条１項により、損害賠償金の支払義務を負います。

　旅行業者に損害賠償と特別補償金の両方を請求できる場合の関係について、特別補償金が支払われた場合、その金額は、損害賠償金の一部に充当されることになります（募集型約款28条２項）。よって、合計額を請求できるわけではありません。

6　ご質問の場合

　ご質問のように、ひったくりにあって転倒し足を骨折したことは、「急激かつ偶然な外来の事故」（特別補償規程１条）、「偶然な事故」（同規程16条）に当たりますので、旅行業者より特別補償金が支払われます。

　まず、あなたは身体に傷害を負い、これにより２週間入院したのですか

ら、入院見舞金として、10万円が支払われることになります。

　また、身の回り品の損害についても、損害補償金の支給の対象とされますが、パスポート、現金3万円は除外されますので、カメラやカバン等物品についての損害のみが、15万円を限度として支払われることになります。

コラム⑥　添乗員の残業代

　パックツアーの添乗員は、旅行者と一緒に行動をするわけですから、その労働時間は相当長いものとなります。このとき、添乗員は、旅行会社に残業代を請求できるのでしょうか。この点が争点となった裁判があります（最高裁平成26年1月24日判決・判時2220号126頁）。

　労働基準法は、「労働者が労働時間の全部又は一部について事業場外で業務に従事した場合において、労働時間を算定し難いときは、所定労働時間労働したものとみなす」（38条の2第1項）と規定しています。この規定が適用されるときには、所定労働時間外の労働についての時間外割増賃金（残業代）の請求ができないこととなるため、裁判でもこの条文の適用の有無が争われました。

　この点について、判決では、当該ツアーについて、会社が添乗員に最終日程表およびこれに沿った手配状況を示したアイテナリー（日程表）により具体的な目的地およびその場所において行うべき観光等の内容や手順等を示すとともに、添乗員用のマニュアルにより具体的な業務の内容を示し、これらに従った業務を行うことを命じていることなどの事情があったことから、「労働時間を算定し難いとき」には該当しないとされ、その結果として、実際に就労した時間を基準に割増賃金が支払われるべきであると判断されました。

第4章　安全確保義務、特別補償、海外旅行、傷害保険をめぐる相談

Q38 飛行機に乗るときに預けた荷物が紛失してしまった──ロストバゲッジ

海外旅行（アメリカ）に出かける際、成田空港でボストンバッグを預け、航空機に乗り込みました。ところが、ワシントンDC空港に到着し、自分の荷物を受け取ろうとしたところ、荷物が紛失していると言われ、受け取ることができませんでした。航空会社になくなった荷物を探してもらいましたが、結局見つかりませんでした。ボストンバッグの中には、購入価格で約40万円相当のものが入っていましたが、航空会社に損害の全額を請求できますか。

▶▶▶ Point

① 国際航空運送について規定したモントリオール条約加盟国への旅行であれば、同条約が適用されます。

② モントリオール条約が適用される場合、航空会社に荷物の管理が移った後の紛失や毀損であれば、同条約で定められた金額を限度に請求することが可能です。

③ モントリオール条約に加盟していない国への渡航や、国内線でのロストバゲッジでは、原則として、航空会社の約款が適用されることになります。

④ 1つの解決方法として、企画旅行の場合は、旅行業者に、特別補償制度に基づく損害補償金を請求する対応も考えられます。

1 モントリオール条約の適用

　日本およびアメリカは、モントリオール条約（正式名称は、「国際航空運送についてのある規則の統一に関する条約」。平成15年11月4日発効）の締結国です（日本、アメリカ以外にも、ヨーロッパ諸国、韓国、中国等世界の主要な国々が締結国となっています）。

　モントリオール条約は、国際航空運送における航空運送人の責任や損害賠償の範囲等を定める内容の条約です。出発地および到着地が2つの国（ただし、モントリオール条約の締結国）の領域内にある「国際運送」には、同条約が適用されることになります（同条約1条1項・2項）。

　したがって、ご質問のような、モントリオール条約でいう「国際運送」に付随して航空会社に預けた手荷物の紛失による損害賠償請求の問題も、同条約の定めに従って解決されることになります。

　モントリオール条約17条2項により、託送手荷物の破壊、滅失または毀損の場合における損害については、①その破壊、滅失または毀損の原因となった事故が航空機上で生じた場合か、または、②託送手荷物が運送人の管理の下にある期間中に生じた場合には、運送人が責任を負うと規定されています。

　ご質問のように、出発空港で航空会社に手荷物を預けた後に紛失した場合は、①または②の要件を満たすことが明らかですので、損害賠償の請求が可能です。

2 損害賠償の価額

(1) 条約の規定内容——限度額規定、無過失責任

　モントリオール条約では、22条2項本文において、手荷物の運送について、破壊、滅失、毀損または延着の場合における運送人の責任は、1131SDRの額を限度にする旨が規定されています。SDRとは、国際通貨基金（IMF）が加盟国の出資額に応じて割り当てる仮想通貨「特別引出権」のことで、金

融危機などで外貨が足りなくなった加盟国が、手持ちのSDRと引換えに他の加盟国から、ドルやユーロ等の主要通貨を融通してもらうことができます。2015年11月30日現在、1SDR＝1.37ドル（約169円）です。

　航空会社の運送約款に、仮に、この1131SDRより低い額の責任限度額が規定されていても、当該規定は無効となるので（モントリオール条約26条）、1131SDRまでは請求することができます。もっとも、1131SDRは、約19万円（2015年11月30日現在）ですので、預けたボストンバッグの中に40万円相当の高級品が含まれていたとしても、原則として1131SDR（約19万円）を超える額の損害賠償を請求することはできません。

　この1131SDRの範囲で航空会社は無過失責任を負うはずですが、航空会社の運送約款では、貴重品（現金・有価証券・宝石類）や壊れやすい物品（パソコン、デジタルカメラなどの電子機器）を損害賠償の対象外としている場合があります。そこで、このような運送約款がモントリオール条約適用下でも有効かということが問題となります。

　この点、モントリオール条約では、貨物については精密機器等について免責規定がありますが、託送手荷物については免責規定がありません。モントリオール条約の規定を素直に解釈すれば、貨物と異なり、託送手荷物は免責されることがないと解するのが自然といえます。また、託送手荷物の損害賠償の上限が約19万円と低いので、この範囲であれば航空会社が無過失で全面的に責任を負うと解しても航空会社にとっても酷ではないと考えられます。

(2)　賠償額制限の例外

　このような損害賠償の金額について、①価額申告していた場合、②航空会社の重過失等がある場合には、例外があります。

　①の場合、旅客が航空会社に手荷物を預ける際に、手荷物の価額を申告し（価額申告）、追加料金を支払っていた場合は、責任上限額が申告価額まで引き上げられる（ただし上限があります。後記4参照）ので、1131SDRを超えた額の損害賠償を請求することができます（モントリオール条約22条2項ただし

書)。

②の場合、ⓐ航空会社またはその従業員が損害をもたらす意図をもってまたは無謀に、ⓑ損害が生ずるおそれがあることを知りながら行った行為により損害が生じたことが証明された場合は、例外的に1131SDRを超える損害賠償の請求が可能です（モントリオール条約22条5項）。

3 ご質問への回答

　以上を本事例に当てはめますと、手荷物の紛失に関しモントリオール条約の適用を受けること、成田空港で手荷物を預けたが紛失のためワシントンDC空港で受け取ることができなかったことを主張すれば、1131SDR（約19万円）を上限として、航空会社に損害の賠償を求めることができます（航空会社の手荷物の管理に不注意があったこと等の主張・立証は不要です）。

　手荷物の中には40万円相当の品物が入っていたということですが、前述のように価額申告により責任限度額を引き上げていた場合や航空会社に重過失があることを立証できるような例外的な場合を除き、原則として、19万円を超える分については請求することができません。

4 適切に価額申告をするなどの対応が必要

　このように、国際運送ではモントリオール条約により、手荷物の紛失に対する賠償限度額が約19万円に制限されているため、国際線で高級品を含む手荷物を預ける際は、紛失や毀損に備え、必ず価額申告をして責任限度額を引き上げておく必要があります。

　もっとも、国内主要航空会社の国際運送約款によれば、価額申告に上限を設けており、賠償額には限度がありますし、海外旅行傷害保険などによる航空機託送手荷物不着時の補償限度額にも制限があります。

　このように、高額品は、紛失した場合に損害が填補されない可能性があることを十分に認識し、必要品以外は携行しないように注意しましょう。

また、貴重品や壊れやすい電子機器は、前述のように、航空会社が運送約款の免責条項を理由に支払いを拒否してくる可能性もありますので、受託手荷物ではなく、機内持込手荷物として、自分でしっかり管理しましょう。

5 乗継ぎや国内線の場合

ご質問のケースは、国際線利用時のロストバゲッジについてでしたが、国内線利用時に託送手荷物が紛失した場合は、モントリオール条約の適用がなく、当該航空会社の国内線運送約款に従って、損害賠償額が算定されます。

たとえば、札幌在住の人が、新千歳―成田空港間のA航空の航空券と成田―ワシントンDC空港間のB航空の航空券を購入し、新千歳空港でA航空に預けた手荷物が日本国内で紛失し、ワシントンDC空港で受け取れなかった場合は、航空券の購入方法によりモントリオール条約の適用の有無が異なることになります。A航空券とB航空券をいわゆる「通し」で手配した場合は、新千歳空港からワシントンDC空港までの運送を一連のものとして捉え、出発空港（新千歳空港）と到着空港（ワシントンDC空港）が異なる「国際運送」としてモントリオール条約の適用を受けます（同条約1条3項）。これに対し、A航空券とB航空券を別々に購入している場合は、B航空についてはモントリオール条約の適用を受けますが、A航空については適用はなく、新千歳―成田空港間の国内での運送中に荷物が紛失している場合は、通常どおり日本法の適用を受け、A航空の国内運送約款に従うこととなります。

日本国内において就航する航空会社では、賠償金の額を原則として旅客1名につき15万円を限度としていますが（ANAおよびJALの国内旅客運送約款）、価額申告をして従価料金を支払うことによって、責任限度額を申告価額まで引き上げることが可能です。国際運送では、価額申告に上限が設けられている点で、国内線とは異なります。

6 特別補償制度に基づく旅行業者への補償金請求

　ご質問は、航空会社に対する請求でしたが、たとえば、モントリオール条約に加盟していない国が到着地の場合は、航空会社の故意・過失の立証や、どの国の法律が適用されるかなど、複雑な問題が生ずる可能性が高まります。1つの解決手段として、企画旅行の場合は、旅行業者に対し、特別補償制度に基づく損害補償金を請求することが考えられます（Q37参照）。

　なお、特別補償制度に基づいて損害補償金が支払われた後に、航空会社に損害賠償請求を行う場合、携帯品への補償については、支払われた補償金額の限度で損害賠償請求権は旅行業者に移転しますので、携帯品損害補償金と損害賠償金の合計額を取得できるわけではありません（特別補償規程23条）。

【モントリオール条約（抜粋）】
（適用範囲）
第1条　この条約は、航空機により有償で行う旅客、手荷物又は貨物のすべての国際運送について適用し、航空運送企業が航空機により無償で行う国際運送についても同様に適用する。
2　この条約の適用上、「国際運送」とは、当事者間の約定により、運送の中断又は積替えがあるかないかを問わず、出発地及び到達地が、2の締約国の領域内にある運送又は一の締約国の領域内にあり、かつ、予定寄航地が他の国（この条約の締約国であるかないかを問わない。）の領域内にある運送をいう。1の締約国の領域内の2地点間の運送であって他の国の領域内に予定寄航地がないものは、この条約の適用上、国際運送とは認めない。
3　2以上の運送人が相次いで行う運送は、当事者が単一の取扱いとした場合には、単一の契約の形式によるか一連の契約の形式によるかを問わず、この条約の適用上、不可分の運送とみなす。その運送は、1又は一連の契約が同一の国の領域内ですべて履行されるものであるという理由のみによってその国際的な性質を失うものではない。

（旅客の死亡及び身体の傷害並びに手荷物の損害）
第17条　運送人は、旅客の死亡又は負傷その他の身体の障害の場合における損害については、その損害の原因となった事故が航空機上で生じ、又は乗降のための作業中に生じたものであるときは、責任を負う。
2　運送人は、託送手荷物の破壊、滅失又はき損の場合における損害については、その破壊、滅失又はき損の原因となった事故が航空機上で生じ又は託送手荷物が運送人の管理の下にある期間中に生じたものであることのみを条件として、責任を負う。ただし、その損害が託送手荷物の固有の欠陥又は性質から生じたものである場合には、運送人はその範囲内で責任を免れる。運送人は、手回品を含む機内持込みの手荷物については、損害が運送人又はその使用人若しくは代理人の過失によって生じた場合には、責任を負う。

（延着、手荷物及び貨物に関する責任の限度）
第22条　旅客の運送における第19条に規定する延着から生ずる損害の場合には、各旅客についての運送人の責任は、四六九四特別引出権の額を限度とする。
2　手荷物の運送については、破壊、滅失、き損又は延着の場合における運送人の責任は、各旅客につき1131特別引出権の額を限度とする。ただし、旅客が託送手荷物を運送人に引き渡すに当たって到達地における引渡しの時の価額として特定の価額を申告し、かつ、必要とされる追加の料金を支払った場合は、この限りでない。この場合には、運送人は、申告された価額が到達地における引渡しの時における旅客にとっての実際の価値を超えることを証明しない限り、申告された価額を限度とする額を支払う責任を負う。
3・4　（略）
5　1及び2の規定は、運送人又はその使用人若しくは代理人が損害をもたらす意図をもって又は無謀にかつ損害が生ずるおそれがあることを知りながら行った行為（不作為を含む。）により損害が生じたことが証明される場合には、適用しない。ただし、当該使用人又は代理人の行為（不作為を含む。）の場合には、当該使用人又は代理人がそれぞれの職務を遂行中であったことも証明されなければならない。

Q38 飛行機に乗るときに預けた荷物が紛失してしまった——ロストバゲッジ

(契約上の規定の無効)
第26条　契約上の規定であって、運送人の責任を免除し又はこの条約に規定する責任の限度より低い額の責任の限度を定めるものは、無効とする。ただし、当該契約は、このような規定の無効によって無効となるものではなく、引き続き、この条約の適用を受ける。

(参考) モントリオール条約における用語の説明
貨物：航空運送で運ばれる荷物（手荷物を除く）
手荷物：旅客（航空機で運送される人）の渡航に付随する荷物。託送手荷物と持込手荷物を含む。
託送手荷物：旅客が、出発空港で預けて、到着空港で受け取る手荷物。
持込手荷物：旅客が、自己の管理の下、航空機内に持ち込む手荷物。

第4章　安全確保義務、特別補償、海外旅行、傷害保険をめぐる相談

Q39　海外旅行傷害保険の概要

> 海外旅行傷害保険とはどのようなものでしょうか。どのようなことが起こった場合に保険金が支払われるのか、その概要について教えてください。また、保険金が支払われない場合として、どのような場合があるのでしょうか。

▶▶▶ Point

① 海外旅行傷害保険とは、海外旅行中のさまざまなトラブルにより被る損害に備えるための海外旅行に特化した傷害保険です。
② 病気やけがに限らず、物損や盗難などの場合にも保険金が支払われます。

①　海外旅行傷害保険とは

　海外旅行中は、交通事故や盗難など予期せぬ事故にあったり、環境の違いや疲労から思いがけず病気にかかる可能性もあります。またその結果、日本では考えられないような高額の治療費がかかったり、家族が現地を訪れる費用が必要になるなど、トラブル解決のために多額の費用がかかることがあります。
　海外旅行傷害保険とは、このような海外旅行中のトラブルにより被る損害に備えるための、海外旅行に特化した傷害保険です。

②　支払われる保険金の内容

　支払われる保険金については、保険会社によって若干違いがありますが、各社共通の基本的な補償としては、①傷害死亡保険金、②傷害後遺障害保険

金、③疾病死亡保険金、④傷害治療費用保険金、⑤疾病治療費用保険金、⑥救援者費用等保険金、⑦賠償責任保険金、⑧携行品損害保険金、⑨航空機預託手荷物遅延等費用保険金、⑩航空機遅延費用保険金などがあります。

それぞれについて、多くの保険約款では、次のような内容が定められています。

(1) 傷害死亡保険金

旅行者が、事故によるけがのため、事故発生の当日から180日以内に死亡した場合には、傷害死亡保険金の全額が死亡保険金受取人（指定のない場合は旅行者の法定相続人）に支払われます。ただし、旅行者が、すでに後記(2)の傷害後遺障害保険金を受け取っている場合には、その金額は、傷害死亡保険金から差し引かれます。

(2) 傷害後遺障害保険金

事故によるけがのため、事故発生の当日から180日以内に後遺障害が生じた場合には、後遺障害の程度に応じて、約定した傷害後遺障害保険金額の4〜100％が支払われます。

(3) 疾病死亡保険金

旅行中もしくは旅行終了後72時間以内に発病した病気により、旅行終了後72時間以内に医師の治療を開始し（ただし、コレラ、ペスト、マラリア、デング熱、エボラ出血熱、高病原性鳥インフルエンザなどの特定の感染症の場合には、いずれも旅行終了の当日から30日以内）、その後も引き続き医師の治療を受けていた場合で、旅行終了の当日から30日以内に死亡したときは、疾病死亡保険金の全額が死亡保険金受取人（指定のない場合は旅行者の法定相続人）に支払われます。

(4) 傷害治療費用保険金

事故によるけがのため、医師の治療を受けた場合、1回の事故につき、約定の傷害治療費用保険金額を限度として、事故の当日から180日以内に支出した費用が支払われます。具体的には、ⓐ治療費・薬剤費・検査費・入院

費、ⓑ救急措置としての病院への緊急移送費、ⓒ治療のために必要な通訳雇入費用、ⓓ保険金請求のための診断書作成費用、ⓔ入院により必要となった諸雑費、ⓕ治療の結果、旅行行程を離脱した場合の帰国費用などです。

(5)　疾病治療費用保険金

　旅行中もしくは旅行終了後72時間以内に発病した病気により、旅行終了後72時間以内に医師の治療を開始した場合（ただし、前記疾病死亡保険金で記載した特定の感染症の場合には、いずれも旅行終了の当日から30日以内）、1回の疾病につき、約定の疾病治療費用保険金額を限度として、現実に支出した費用が支払われます。具体的な内容は、前記傷害治療費用保険金の場合と同様です。

(6)　救援者費用等保険金

　旅行中のけが・病気のために3日以上入院した場合、旅行中のけが・病気のために死亡した場合、航空機・船舶が行方不明になったり遭難した場合などに、旅行者本人やその親族が負担した費用が支払われます。

　具体的には、ⓐ捜索救助費用、ⓑ親族等の現地までの交通費およびホテル代（3名分まで）、ⓒ治療継続中の旅行者の移送費用、ⓓ親族等の渡航手続費や現地で支出した交通費等、ⓔ遺体の処理費用、およびⓕこれらにかかる諸雑費などです。

(7)　賠償責任保険金

　旅行中の偶然な事故により、他人の身体や財産に損害を与え、法律上の損害賠償責任を負った場合、1回の事故につき、約定の賠償責任保険金額を限度として、損害賠償金等が支払われます。

(8)　携行品損害保険金

　旅行中に、カメラ、宝石、衣類、航空券、宿泊券など旅行者所有の身の回り品が、盗難・破損・火災などの偶然な事故にあって損害を受けたときに、携行品1つあたり10万円（宿泊券、乗車券等は合計して5万円）を限度として、修理費または時価額のいずれか低い損害額が支払われます。また、パス

ポートを紛失した場合には、5万円を限度に再発行手数料が支払われます。

なお、現金や小切手等は含まれず、保険金は支払われません。

(9) 航空機寄託手荷物遅延等費用保険金

航空機が目的地に到着した後、6時間以内に寄託した手荷物が着かなかった場合に、1回の事故につき10万円を限度として、航空機が目的地に到着した後96時間以内に旅行者が目的地において負担した衣類購入費、生活必需品購入費、身の回り品購入費が支払われます。

(10) 航空機遅延費用保険金

搭乗予定の航空機が、6時間以上の出発遅延・欠航・運休などにより、6時間以内に代替機を利用できないとき、または航空機の遅延により乗継ぎ予定だった出発機に搭乗できず、乗継地の到着時刻から6時間以内に代替機を利用できないときに、1回につき2万円前後を限度として、旅行者が負担したホテル代・食事代・移動交通費などが支払われます。

3 免責事由

海外旅行傷害保険の主な内容は以上のとおりですが、どのような場合でも補償されるわけではなく、保険会社ごとに保険金が支払われない場合（免責事由）が定められています。免責事由とされる主なものは〔表8〕（次頁）のとおりです。

なお、保険会社等が保険契約者等に呈示した契約申込書に、保険契約者（旅行者）が虚偽の事実等を記載した場合にも、保険金が支払われない可能性がありますので注意してください（Q42参照）。

〔表8〕 海外旅行傷害保険の免責事由

(1) 障害死亡・障害後遺症害・傷害治療費用・救援者費用等保険金
① 旅行者または保険金受取人などの故意に基づく損害
② 戦争・その他の変乱による損害（※1）
③ 妊娠・出産・早産及び流産による損害（※2）
④ 他覚症状のないむち打ち症及び腰痛に基づく損害
⑤ ピッケル、アイゼン等の登山用具を使用する山岳登はん、ボブスレー、スカイダイビング、ハングライダー搭乗その他これらに類する危険な運動による損害（※3）

（※1）テロ行為により生じた怪我は保険金の支払い対象とされています。外務省の危険情報は保険会社との契約の成否とは無関係ですが、保険会社によっては行き先により契約が不可能な場所もあります。
（※2）保険会社によっては、妊娠初期段階での異常を原因とした治療について、保証されるプランもあります。
（※3）別途割増保険料を必要とし、割増料金を支払わなければ、保険金の支払いが減額される場合もあります。
なお、スキューバダイビング、ジェットスキー、パラセール搭乗、スキー、スノーボードなど一般の人が楽しむスポーツについては、保険金の支払い対象とされています。

(2) 疾病死亡・疾病治療費用保険金
(1)の①〜⑤に加えて
⑥ 既往症、持病により生じた損害（※4）
⑦ 歯科疾病に基づく損害
⑧ カイロプラクティック、鍼、灸による治療費用

（※4）旅行前に発病し、医師の治療を受けたことのある病気については保険金は支払われません。ただし、保険会社によっては保証されるプランもあります。

(3) 賠償責任保険料
(1)の①②に加えて、
⑨ 自動車運転中の対人、対物事故による賠償責任（※5）
⑩ 同居の親族に対する賠償責任

（※5）海外旅行中にレンタカーを借りる場合には現地のレンタカー用自動車保険に加入することが必要です。

(4)　携行品損害保険金
　(1)の①②に加えて、
　⑪　現金
　⑫　小切手、有価証券、印紙、切手、定期券、預貯金通帳、クレジットカード
　⑬　義歯、義肢、コンタクトレンズ、動物、植物
　⑭　別送品
　⑮　他人から借りた物（旅行業法12条の5第1項、募集型約款9条）
　⑯　置き忘れ、紛失による損害
(5)　航空機預託手荷物遅延等費用・航空機遅延費用保険金
　(1)の①②

Q40 海外旅行傷害保険に加入する必要性

> 私は、普通傷害保険および医療保険等に加入していますが、それでも海外旅行傷害保険に加入する必要はあるのでしょうか。

▶▶▶ Point
・普通傷害保険や医療保険に加入していても、海外旅行傷害保険に加入する必要はあります。

1 海外旅行傷害保険加入のメリット(1)——高額の医療費・救援者費用

　海外では、日本では考えられないような高額の医療費がかかります。

　まず、海外においては、救急車が有料の国も多く、タクシーと同じように初乗り料金に距離に応じた加算料金が付加され、数万円かかることもあります。

　また、たとえば、旅行中に盲腸になり数日入院した場合には、治療費・病室代等の総費用として、200万円以上かかる国もあります。アメリカでICU（集中治療室）を利用するような場合には、部屋代だけで1日100万円以上かかることも多いのです。

　普通傷害保険や医療保険では、入院費用等は契約時に定められた金額しか支払われませんので、これでは十分に医療費を賄うことができない可能性が高いといわざるをえません。

　さらに、海外では、日本とは大幅に異なり、医療はサービス業であるとの考え方をしている国が多いことから、そのような国では、海外旅行傷害保険に加入しておらず、医療機関に対して上記のような高額な治療費を支払うこ

とのできる能力があるという証明ができない場合には、全く治療が受けられない、もしくは設備が十分でない病院に回されることも多々あるそうです。

海外でトラブルに巻き込まれた場合には、高額の救援者費用が必要になることもあります。たとえば、ヘリコプターで行方不明者を捜索したり、病人をストレッチャーに乗せて飛行機で日本に搬送したりする費用や、家族が現地に渡航する際の航空券代・ホテル代なども考えられ、救援者費用等として1000万円以上かかった事例もあります。たとえば、アメリカから日本への移送においてストレッチャーを利用した場合の移送費は、定期便を利用できた場合であってあっても通常400万円以上かかります。

普通傷害保険や医療保険では、これらの救援者費用は支払われません。

平成25年に、北米に旅行していた旅行者が、意識が朦朧として立つことができず救急車で搬送され、病院において脳幹梗塞・肺炎と診断され40日ほど入院・手術を行い、家族が駆けつけ、医師および看護婦が付き添い、チャーター機で医療搬送された事案では、7000万円以上の費用がかかったということです（ジェイアイ傷害火災保険株式会社ホームページより）。

これらの点を考慮すると、たとえ普通傷害保険や医療保険に加入していても、海外旅行傷害保険に加入する必要はあるといえるでしょう。

2 海外旅行傷害保険加入のメリット(2)——保険会社によるサポート体制

海外旅行傷害保険に加入するメリットとして、前記のような金銭面だけでなく、保険会社によるサポート（具体的にはアシスタンスサービス、キャッシュレス・メディカルサービスなど）を受けられることがあります。

海外旅行の最中に、突然事故にあったり、病気になったりした場合には、救急車の呼び方も、病院の場所も連絡先もわからず、そのうえ言葉も通じないなど、不安がつきものです。このような場合に便利なのが、保険会社によるアシスタンスサービスです。これは、あらかじめ保険会社から案内された

番号に電話すると、保険会社が通常は24時間・年中無休で対応し、日本語による情報提供や必要な手配を行ってくれるものです。具体的には、日本語の通じる医師・病院等の紹介、入院・転院や日本への移送の手配、治療のための通訳の紹介・手配、遭難の場合の捜索・援助、親族等の渡航・宿泊の手配、パスポート等の紛失・盗難による手続の案内などがあります。

　また、キャッシュレス・メディカルサービスとは、保険会社の提携する病院の窓口で保険契約書を提示すれば、治療費を自己負担することなく、その場で治療を受けることができるサービスをいいます。前述のように、海外では高額の医療費がかかりますし、入院の際には、前もって入院保証金を納めなければいけない国もありますので、旅行者にとっては便利で安心なサービスといえるでしょう。

　これらの点からも、普通傷害保険や医療保険に加入していたとしても、海外旅行傷害保険に加入する必要はあるといえるでしょう。

Q41 クレジットカードに付帯している海外旅行傷害保険

私が持っているクレジットカードには、海外旅行傷害保険が付帯されています。旅行会社で、海外旅行傷害保険に加入することをすすめられましたが、加入する必要はありますか。また、私は、クレジットカードを２枚持っているのですが、保険金額を合算して支払ってもらえるのでしょうか。

▶▶▶ Point

・海外旅行傷害保険が付帯されているクレジットカードを保有している場合であっても、その補償内容によっては、別途海外旅行傷害保険に加入するメリットがあります。

1 カード付帯保険の概要

多くのクレジットカードには、海外旅行傷害保険が付帯されています（以下、「カード付帯保険」といいます）。

それでは、カード付帯保険は、どのような場合に、どのような補償やサポートがなされるのでしょうか。

(1) 適用条件

まず、クレジットカードのすべてに海外旅行傷害保険が付帯されているわけではありません。また、クレジットカードによっては、カード入会後一定期間が経過しなければ保険が適用にならないものや、旅行代金をカード決済にしなければ保険が適用にならないものもあります。

また通常、カード付帯保険の保険期間は、1回の旅行につき90日を限度としています。なお、旅行回数に制限はありません。

(2) 補償内容

(a) 死亡・後遺障害

一般的なカード付帯保険には、けがによる死亡・後遺障害保障はありますが、疾病による死亡保障はありません。

外務省の海外邦人援護統計によると、平成23年から平成25年にかけての海外における日本人の死者は、約500〜600人程度で推移しており、そのうち疾病等による死亡が全体の約7割以上を占めています。疾病による死亡保障も必要な場合には、海外旅行傷害保険への加入を検討しましょう。

(b) 治療に関する費用等

カード付帯保険は、病気やけがなどの治療費用保険金および救援者費用保険金が低く設定されていたり、もともと設定されていない場合もあります。

一般的には、カード付帯保険の治療費用保険、救援者費用保険の保険金は、いずれも50万〜200万円程度に設定されているようですが、海外においては、日本では予期できないほど高額な治療費用や救援者費用がかかります（Q40参照）。

そこで、所持しているカード付帯保険の補償額が少額の場合には、海外旅行傷害保険への加入を検討しましょう。

(c) その他の補償

カード付帯保険は、賠償責任保険金について、一般的には200万〜3000万円程度、携行品損害保険金については、10万〜20万円程度に設定されているようです。

ただし、カードによっては、両者とも、補償されていない場合もあり、また、一般的には海外旅行傷害保険より低額な金額に設定されていますので、カードの補償内容を確認し、海外旅行傷害保険への加入を検討しましょう。

(d) 同行の家族

カード付帯保険は、カード会員本人のみが補償の対象となっていることが多く、一般的には、同行する家族は補償の対象外とされています。そこで、同行する家族が補償の対象外とされている場合には、海外旅行傷害保険への加入を検討しましょう。

(3) サポート体制

通常の海外旅行傷害保険では、アシスタンスサービス、キャッシュレス・メディカルサービスを提供しています（Q40参照）。

しかし、カード付帯保険には、このようなサービスを提供していない場合もありますので、その場合には、旅行者自身が適当な病院を探し、医療費を立替払いするなど、必要な手続をすべて自分で行わなければいけません。

(4) まとめ

カード付帯保険がある場合には、しっかりと適用条件、補償内容およびサポート体制を確認したうえで、通常の海外旅行傷害保険への加入の必要性を判断するのがよいでしょう。

2 複数のカード付帯保険の関係

カード付帯保険付きのカードを複数枚持っている場合に、補償内容はどのようになるのでしょうか。

まず、死亡保険金・後遺障害保険金については、最も保険金額の高いカード会社の保険金額を限度として、各保険会社から按分して保険金が支払われます。たとえば、Aカードの保険金額が2000万円、Bカードの保険金額が3000万円の場合には、3000万円までしか支払われません。

治療費用、救援者費用、賠償責任、携行品損害等については、保険金額の合算額を上限として、実損について按分して支払われます。たとえば、Aカードの保険金額が200万円、Bカードの保険金額が300万円で、実損が400万円であれば、Aカードから160万円、Bカードから240万円が支払われます。このように、複数枚のカードを所持している場合、各保険会社から按分

して保険金が支払われるため、カード保有者は、AもしくはBカード会社に保険金請求する場合、保険金請求書に他方のカードの内容を記入します。按分の計算については保険会社相互間で調整されます。

　なお、このような補償となるのは、あくまでも、カード会社が別である場合です。同一会社のカードを複数枚所有している場合には、最も保険金額の高いカードの保険金額を限度として支払われることになります。

③　カード付帯保険と一般の海外旅行傷害保険との関係

　カード付帯保険付きのカードを保有しており、さらに、保険会社の海外旅行傷害保険にも加入した場合、補償内容はどのようになるのでしょうか。

　まず、死亡保険金・後遺障害保険金については複数のカードを所有している場合と異なり、海外保険会社の旅行傷害保険およびカード付帯保険のどちらからも、保険金が支払われます。たとえば、Aカードの保険金額が2000万円、B保険会社の海外旅行傷害保険の保険金額が3000万円の場合には、合算した5000万円まで支払われます。

　治療費用、救援者費用、賠償責任、携行品損害等については、前述したカード会社の異なる複数のカードを所有している場合と同じ扱いとなります。

Q42 保険加入時の告知義務
──持病等の告知と保険金受取り

> 私は、海外旅行傷害保険に加入する際、糖尿病を患って治療を受けていたのですが、保険代理店となっていた旅行業者から渡された契約申込書に糖尿病のことを書かずに保険に加入しました。しかし、私は、旅行中に糖尿病が原因で脳梗塞を起こして現地の病院に運ばれ、緊急入院してしまいました。保険金は支払ってもらえるのでしょうか。

▶▶▶ Point
・告知義務違反があると、保険契約は解除されてしまい、保険金は支払われません。

1 告知義務とは

　一般に、保険会社が、保険契約の締結に際し、保険契約者（保険契約の名義人）または被保険者（保険契約によって損害の填補を受ける人）に対して、保険事故の発生の危険性に関係のある重要な事実の告知を求めた場合において、保険契約者等は事実の告知をしなければならず、保険契約者等が、故意または重大な過失によって、その事実の告知を怠ったときは、保険会社は、保険契約の解除をすることができるとされています。事実を告知しなければならないという保険契約者等の義務を「告知義務」といいます。

　海外旅行傷害保険においても例外ではなく、保険契約者等は、海外旅行傷害保険契約の締結に際して、重要な事実のうち契約申込書で告知を要求された事項について、事実を告げる必要があるとされています（保険法4条・66条）。

2 告知の相手方

海外旅行傷害保険の契約は、旅行業者が保険代理店となって締結されることが多いのですが、保険契約者等は、これら保険代理店に告知事項を告知すればよいことになります。もちろん、空港の保険会社のカウンターなどで直接、保険会社の窓口に告知をすることも可能です。

3 告知事項

保険会社が保険金を支払うことになる保険事故の発生率の測定に関係する重要な事実（保険危険事実）のうち、保険契約申込書の記載事項は、告知事項とされています。また、保険危険事実以外にも、例外的に告知事項とされている事項もあります（後記①および④）。

特に注意すべき告知事項の例は以下のとおりです。

① 既往症および持病（旅行前に発病し、医師の治療を受けたことのある病気）
② ピッケル、アイゼン等の登山用具を使用する山岳登山、ボブスレー、スカイダイビング、その他これらに類する危険な運動をすること
③ 同種の危険を補償する他の保険契約を締結していること
④ 同種の危険を補償する他の保険契約で、過去３年以内に一定額以上の保険金を請求または受領したことがあること

4 告知義務違反の効果

保険契約者等が、故意または重大な過失により、告知すべき事実を告知しなかったり、不実（事実でないこと）を告げた場合には、契約が解除され、旅行者は、保険金を支払ってもらうことができません。

また、保険金がすでに支払われていた場合には、保険会社は、その保険金を返還するよう旅行者に請求することができます（保険法28条１項・31条２

項1号・84条1項・88条2項1号)。ただし、告知されなかった事実や不実に告知された事実とは無関係に発生したけがや病気については、保険会社は、保険契約者等に保険金を支払わなければなりません(因果関係不存在特則:保険法31条2項1号ただし書・88条2項1号ただし書)。

5 保険会社が契約を解除できない場合

①保険会社(保険代理店を含む)が、告知されなかった事実または不実に告知された事実を知っていたか(悪意)、過失により知らなかったとき、②保険募集人(保険代理店を除く)が、保険契約者等に対し、事実を告知することを妨げたり、告知しないことや不実に告知することを勧めたとき、③保険会社が、告知義務違反があることを知った日から1カ月間、または契約締結から5年を経過したときには、保険会社は保険契約を解除することはできません(保険法28条2項・4項・84条2項・4項)。

また、多くの保険会社の約款には、④告知されなかった事実や不実に告知された事実がなくなったとき、⑤保険事故が発生する前に、保険契約者等が、書面で保険会社に更正を申し出て保険会社がこれを承認したときにも、解除できないと定められています。ただし、①〜⑤のような事由があることは、保険契約者等が証明しなければなりません。

6 ご質問の場合

ご質問の場合、あなたは、保険契約を締結する際、保険会社に対し、持病である糖尿病の事実を告知する義務があったのに、これを誠実に告知していませんでした。

したがって、保険会社から保険契約につき告知義務違反を理由に解除されてしまい、保険金の支払いを受けられないことになります。

ただし、保険代理店である旅行業者に対して糖尿病であることを伝えており、そのことを証明できたような場合には、保険会社に悪意が認められ、保

険契約を解除することはできません。

　このように、契約申込書に記載されている事項を正直に記載して告知しなければ、せっかく保険料を支払って保険に加入しても、いざというときに保険金を支払ってもらえないという場合もあります。

　特に注意するべきなのは、既往症および持病です。契約申込書はしっかり読んで内容を確認したうえ、正確な記載による告知を心がけるべきでしょう。また、持病がある人でも入れる海外旅行傷害保険がありますので、検討してみるのもよいでしょう。

Q43 保険金を請求する手続

　私は、ハワイ旅行の最中に激しい腹痛に襲われ、救急車で病院に搬送されて治療を受けました。搬送費用・治療費ともにすべて自分で支払ったのですが、海外旅行傷害保険に加入していたので、保険金を請求したいと思っています。どのような点に注意すればよいですか。

▶▶▶ Point
① 保険金の請求には、時効があるので、気をつけましょう。
② 現地の病院で治療を受けた際の診断書や領収書等が必要になりますので、帰国前に必ず作成してもらうようにしましょう。

1 保険金請求の手続

　旅行者が、海外旅行中に、保険契約の対象となるけがや病気等にあい、実損を立替払いした際には、保険会社に保険金を請求して、保険金の支払いを受けることができます。
　詳しくは、契約した保険代理店または契約時に交付されたサービスガイド記載の応対窓口に連絡し、請求手続を確認する必要がありますが、ここでは、保険金請求の手続について、あらましを説明します。

2 直ちに連絡する

　保険会社によっては、保険金支払事由が発生した日から一定期間以内（30日など）に連絡をしないと保険金が支払われない場合もありますので、まずは直ちに保険会社等に連絡しましょう。
　また、保険金請求権は、保険金支払事由が発生した日から3年で時効消滅

しますので（保険法95条1項）、十分に注意しましょう。

3　必要書類

　いずれの場合も、保険契約締結時に交付される保険証券と保険金請求書は必要ですが、それ以外にも、保険金の内容に応じて以下の書類が必要です。現地で入手しておく必要がある書類もありますので、この点についても事故後直ちに保険会社等に確認しましょう。

(1)　**傷害治療費用保険金、疾病治療費用保険金**

　旅行者が、けが・病気の治療費を立替払いした場合には、治療を受けた現地の医師・病院の診断書が必要になります。保険契約締結時に交付される保険金請求書の一部分が診断書になっていますので、これを利用するのが便利です。また、治療費の領収書も必要となりますので、いずれも忘れずに現地で作成してもらいましょう。場合によっては、現地の警察署に届け出て、事故証明書を入手しておくことも必要です。

(2)　**携行品損害保険金**

　盗難の場合には、現地の警察に盗難届を出し、盗難届出証明書を入手しておきましょう。盗難届出証明書の代わりに、添乗員や同行者による証明でよい場合もあります。

　また、盗難、破損いずれの場合にも、損害の程度を証明できる書類（修理代の領収書や購入時の領収書など）が必要です。

　さらに、保険金請求書の一部分となっている損害品明細書も記載しましょう。

(3)　**傷害死亡保険金、疾病死亡保険金**

　診察もしくは検案した医師・病院の死体検案書もしくは死亡診断書が必要です。また、事故証明書が必要な場合もあります。

(4)　**傷害後遺障害保険金**

　診察した医師・病院の後遺障害診断書が必要です。また、事故証明書が必

要な場合もあります。

(5) 救援者費用等保険金

現地の医師・病院による診断書のほか、捜索援助費用、救援者の交通費やホテル代などについて支出を証明する書類が必要です。また、事故証明書が必要な場合もあります。

(6) 航空機寄託手荷物遅延等費用保険金

寄託手荷物の遅延等のために購入した衣類や生活必需品などの領収書、手荷物の遅延等を証明する航空会社の証明書、搭乗券などが必要です。

(7) 航空機遅延費用保険金

航空機の遅延等のために支出したホテル代、交通費などの領収書、航空機の遅延を証明する航空会社の証明書、搭乗券などが必要です。

4 保険金の支払時期

多くの保険会社の約款では、保険金は、請求した日から原則として30日以内に支払われることとされています。ただし、保険会社が、特別な事情により期間内に必要な調査を終えることができないときは、調査が終わった後遅滞なく保険金が支払われることとされています（保険法21条1項・81条1項）。

5 ご質問の場合

ご質問の場合、あなたは、搬送費用・治療費を立替払いしていますので、保険金を請求する場合には、まず、現地の病院で治療を受けた際、診断書と領収書を必ず作成してもらいましょう。また、ハワイの救急車は有料ですから、救急車の費用についても領収書をもらっておきましょう。

Q44 健康保険からの医療費の還付
　　　——海外療養費支給制度

私は、海外のパック旅行中に、ホテルの階段で転倒して病院で治療を受けました。海外旅行傷害保険には加入していなかったのですが、健康保険から治療費の還付を受けられるのでしょうか。

▶▶▶ Point

・加入している健康保険に対して、必要書類を提出すれば、日本において治療を受けた場合に健康保険で負担される相当額の還付を受けられます。

1　海外療養費支給制度

　ご質問のように、海外旅行中にけがや病気をして海外の医療機関で治療を受けた場合、健康保険（組合健康保険、全国健康保険協会（協会けんぽ））や国民健康保険に払戻請求をすれば、その医療費が一定程度還付されます。これを、「海外療養費支給制度」といいます。
　海外療養費支給制度は、日本で使用する健康保険証が海外の医療機関で使えるというものではありませんので、旅行者がいったん全額を立替払いしなければいけません。

2　海外療養費の請求手続

(1)　請求時期

　海外療養費は加入健康保険（市町村役場や健康保険組合等）に対し、負担し

た医療費を実際に支払った日の翌日から起算して2年以内に請求します。2年を経過すると、請求権は、時効により消滅します。

(2) 必要書類

請求にあたっては、現地の病院や医師が記載した診療内容明細書、および、支払った医療費の内訳がわかる領収明細書が必要です。この明細書は、加入健康保険の所定書式以外のものは受理されない場合もあるようです。受理されたとしても、海外の医院独自の書式では、給付要件を満たさない場合もあるため、渡航前に明細書をダウンロードして印刷し、旅行に携帯しておくのが望ましいといえます。

また、外国語で記載されている場合には、日本語訳を添付する必要があり、翻訳者の住所・氏名も記載しなければいけません。

(3) 支給対象

支給対象とされているのは、日本国内で保険適用とされている医療行為に限られます。したがって、①心臓や肺などの臓器移植、②人工授精等の不妊治療、③性転換手術、④自然分娩、⑤美容整形手術、⑥歯列矯正等は支給の対象となりません。

また、海外旅行傷害保険とは異なり、死亡補償、帰国費用等の救援者費用、賠償責任などは支給対象とはなりません。

(4) 支給額

療養費の支給は、海外で支払った医療費全額について行われるわけではなく、日本国内の医療機関等で同じ傷病を治療した場合にかかる治療費を基準に計算した額（標準額）から、自己負担相当額（原則として患者の3割負担）を差し引いた額を支給します。なお、日本で治療を受けたとして算出した額より、実際に海外で支払った額のほうが低い場合は、その額が標準額とされます。

たとえば、旅行者が、海外で100万円の治療費を支払ったが、日本国内ではその治療に要する費用が40万円であると算定された場合、これが標準額と

なります。したがって、3割負担であれば、40万円−（40万円×3割）＝28万円のみが還付されます。

3　他の制度との異同

(1)　海外旅行傷害保険との異同

　海外療養費支給制度は、海外旅行傷害保険では一般に補償の対象とされていない既往症・持病で必要となった治療（ただし、その治療目的の渡航の場合は、支給されません）や歯科疾病による治療費も支給の対象となります。

　ただし、前述のように、海外療養費支給制度では、支給される金額も一部にすぎませんし、救援者費用や賠償責任等は支給の対象とはなりませんので、別途海外旅行傷害保険への加入を検討することが必要でしょう。

(2)　特別補償制度

　特別補償の内容は、①死亡補償金、②後遺障害補償金、③入院見舞金、④通院見舞金、⑤身の回り品などの損害補償金とされています（詳しくはQ37参照）。

　ご質問のような場合、特別補償制度により、入院した場合には4万〜40万円、通院した場合には2万〜10万円の範囲で見舞金が支給されますが、治療費が補償されるわけではありません。

　また、特別補償制度についても、疾病死亡補償や救援者費用、賠償責任等は支給の対象とはなりません。

第5章

その他の相談

第5章　その他の相談

Q45　海外旅行とクレジットカードトラブル

> 海外旅行をした際に、現地で商品を購入し、持っていったクレジットカードを使って決済しました。帰国後、この商品についてカード会社からの請求が届いたのですが、実際にカードで利用した額よりも高い金額が請求されていました。請求された全額を支払わなければならないのでしょうか。

▶▶▶ Point

・海外旅行でのクレジットカード使用をめぐるトラブルの際は、チャージバック手続をとるという対応や海外専用の相談窓口があります。

1　チャージバック手続

(1)　海外でのクレジットカード利用と国際ブランド

　海外旅行先で商品を購入したり、ホテルの宿泊代金を支払ったりする際に、クレジットカードが利用されることが多いと思います。

　このように、海外旅行先でクレジットカードが利用できるのは、国際クレジットカードと呼ばれる、国際的に通用するクレジットカードがあるからです。国際クレジットカードには、ビザ、マスターカード、アメリカン・エキスプレス、ダイナースクラブ、JCBの5つのブランドがあり、各ブランドの加盟店となっている販売店であれば、国内外を問わずクレジットカードの利用ができるのです。

　なお、国際ブランドというのは、国際的なカードネットワークの運営主体のことなので、必ずしも国際ブランド自らが直接カードを発行したり、加盟

店を開拓しているわけではありません。実際にカードを発行している信販会社などが、国際ブランドのメンバーとなり、そのブランド名の入ったカードを発行することで、そのカードを持っている人は、そのブランド加盟店でカードを利用できるのです。

(2) 国際クレジットカード決済のしくみ

国際クレジットカードが利用されて決済されるまでの流れは、ビザやマスターカードのように自ら直接カードを発行しない国際ブランドであれば、以下のようになります（〈図〉参照）。

① 利用者が、販売店（国際ブランド加盟店）で、商品などの購入をし、カードで支払う。
② 売上伝票が、販売店から、販売店と加盟店契約関係にある会社（アクワイアラー）に送られる。
③ アクワイアラーから販売店に代金が支払われる。
④ アクワイアラーが、国際ブランドを経由して、取引データを、カードを発行した会社（イシュアー）に伝える。
⑤ イシュアーがアクワイアラーに代金を支払う。
⑥ カード会員である利用者に、イシュアーから利用明細が送られる。
⑦ カード会員がイシュアーに代金を支払う。

〈図〉国際クレジットカード決済のしくみ

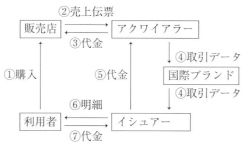

(3) クレジットカード紛争処理ルールとしてのチャージバック

　海外旅行先でクレジットカードを利用した際に、データの入力ミスや販売店の不正行為などにより、誤った金額が請求されることがあります。カード利用者は、イシュアーから送られてきた利用明細を見て過大な金額を請求されていることがわかっても、海外の販売店と直接連絡をとって事実関係を確認し交渉することは、言葉の問題などがあることから、実際上、極めて困難です。

　そこで、カード利用者としては、カードの利用明細を送付してきたイシュアーに対して、過大な金額の請求であることを主張して支払いを拒むことになります。

　このようなカード利用代金の不正請求がなされた場合の紛争処理ルールとして、チャージバックと呼ばれるものがあります。

　チャージバックとは、クレジットカード取引において、カード発行会社（イシュアー）が加盟店契約会社（アクワイアラー）から取引データの提供を受けた後に、この内容が不当と判断される場合に異議を申し立て、すでに支払った代金をアクワイアラーから取り戻す手続です。イシュアーが、アクワイアラーに対していったん支払った代金を取り戻すことができれば、イシュアーがカード利用者に対して代金請求をすることはなくなります。

(4) チャージバックの具体的な内容

　チャージバックがどのような場合にできるかは、各国際ブランドのチャージバックルールで定められています。たとえば、次のような場合にチャージバックができるとされています。

① 二重請求（同一売上を二重に計上した場合）
② 誤請求（金額間違い）
③ 売上げの分割（１つの取引について、複数の売上伝票に分けて処理した場合）
④ 架空売上げ（カードを利用した覚えがない場合）

チャージバックの流れについては、まずイシュアーがチャージバックの理由を示してチャージバック申請をし、場合によりアクワイアラーによる反論、イシュアーによる再度のチャージバック申請、アクワイアラーによる再反論がなされる、ということになります。

これらの手続を経ても問題が解決しない場合には、最終的な結論を国際ブランドに委ねることになります。このことを裁定（アービトレーション）といいます。

なお、チャージバックはいつまでも申請できるものではなく、イシュアーが取引データを受領した日から所定の期間（チャージバックの理由などによって異なるようですが、45日、120日等といった期間が定められているようです）のうちに申請する必要があるとされています。

(5) チャージバックの問題点

チャージバックは、チャージバックルールに基づき、イシュアーがアクワイアラーに対して支払済みの代金を取り戻すよう請求するものなので、消費者であるカード利用者はこの手続に直接かかわることができません。カード利用者としては、イシュアーに対し取引についての異議を申し出て、チャージバックを促すことができるだけです。

したがって、カード利用者がイシュアーに対して異議を申し出ても、イシュアーがチャージバックの申請すら行わずに、カード利用者に代金を請求してくることも考えられます。

また、どのような場合にどのような手続でチャージバックできるのかというチャージバックのしくみはもちろん、チャージバックという制度があること自体が、カード利用者に全くといってよいほど知られていません。そのため、カード利用者は、取引に異議を唱えても、その後の処理結果を知らされるだけで、それがどのような手続でどう処理されたのか、適正な処理結果であるかどうかの検証すらできないことになります。

クレジットカード取引においては、簡易・迅速な決済手段としてのカード

の利便性が重視されるため、システム上、カードの不正利用等のリスクが避けられません。チャージバック制度は、このようなカードのシステム上必然的に発生する紛争を処理するための要件・手続等を定めるもので、カード利用者保護のための最低限の自主ルールといえますが、現在はこのルールの存在や内容が周知されないまま、カード関係事業者間の問題として処理されています。

　チャージバック制度がクレジットカードシステムに内在するリスクと表裏の制度であり、かつ、カード利用者の利益に直接かかわるものである以上、このような制度の存在・内容等について約款で明示し、カード利用者をチャージバックの主体として位置づける必要があります。

(6)　抗弁対抗による支払拒絶

　また、ご質問のように実際に購入した商品の代金よりも高い金額の請求がされてきている場合には、カード利用者は販売店に対し「そんな高い金額では購入していない」という抗弁をいえるはずです。もっとも、カードで決済をした場合には、カード発行会社がカード利用者に代金の請求をしてきますので、販売店に対して主張できる抗弁を当然にカード発行会社に対しても主張できるとは限りません。

　そこで、国内の取引においては、割賦販売法30条の４第１項に、販売店に対して主張できる抗弁をカード会社に対しても同じように主張し、支払いを拒むことができる「抗弁対抗」（「抗弁権の接続」ともいいます）という規定が設けられています。この抗弁対抗により支払いを拒絶するためには、割賦販売法の定める支払方法がいわゆるマンスリークリア方式でないこと（２カ月以上の後払いで、１回払いでもよい）などの要件を満たす必要があります。しかし、抗弁対抗は、本邦外での適用がないため（同法35条の３の60第１項２号）、海外での取引については抗弁対抗ができません（各カード会社も、規約で、海外での取引では抗弁対抗ができない旨定めています）。

2 国民生活センター越境消費者センター(CCJ)

　国民生活センター越境消費者センター(CCJ)は、ご質問の場合のような海外ショッピングでのトラブルについて、海外の窓口となる機関と連携し、相手国事業者に相談内容を伝達するなどして、海外事業者に対応を促し、消費者と相手国事業者間のトラブル解決に助力してもらえる機関です。

　特に取引事業者が、米国、カナダ、韓国、台湾、シンガポール、ベトナム、スペイン、ロシアおよび中南米(アルゼンチン、ブラジル、コロンビア、ベネズエラ、エクアドル、ペルー、パラグアイ、メキシコ、チリ、ドミニカ)のいずれかの国・地域に所在する場合は、CCJが連携する海外の窓口機関があるため、当該窓口機関に相談内容を伝え、事業者との間に入ってもらうなどして、相手国事業者に対応を促すことができます。

　取引事業者が上記国・地域以外に所在する場合であっても、相談は可能であり、何らかのアドバイスをもらえる可能性があります。

3 ご質問の場合

　ご質問の場合、あなたは、速やかにカード発行会社に申し出て、事情を説明し、チャージバックを申請するよう求めるべきです。そして、場合によっては、国民生活センター越境消費者センターに相談するのがよいと思われます。

第5章　その他の相談

Q46 利用人員が変更になった場合の旅行代金の追加請求

　私と友人の2人で7日間のヨーロッパへのパック旅行（旅行代金は1人につき20万円）を申し込みました。ホテルの部屋は、ツイン1部屋で手配してもらいました。

　ところが、出発の3日前になり、友人が急用で参加できなくなったので、旅行会社に1人キャンセルする旨を連絡しました。

　すると、旅行会社からは、キャンセルするのであれば、キャンセルになった者のキャンセル料10万円と、2人部屋を1人で利用することになるため、現地ホテルでの5泊分のシングル追加料金として11万円の合計21万円を請求しますと言われました。2人合わせると、旅行に参加するよりもキャンセルするほうが高いお金を取られるのは納得できません。

▶▶▶ Point

・シングル追加料金とキャンセル料の合計額が旅行者1人分の旅行代金を超過する部分は、無効であり、超過額の支払いを拒むことができます。

1　問題の所在

　募集型約款14条5項は、「当社は、運送・宿泊機関等の利用人員により旅行代金が異なる旨を契約書面に記載した場合において、募集型企画旅行契約の成立後に当社の責に帰すべき事由によらず当該利用人員が変更になったときは、契約書面に記載したところにより旅行代金の額を変更することがあり

ます」と規定しています。

したがって、申込金を支払い、パック旅行（募集型企画旅行）の契約が成立した後、2人部屋を使用する予定の旅行者のうち1人の都合が悪くなって契約をキャンセルすると、残った1人は、募集型約款14条5項所定の「契約書面」に1人部屋追加料金の記載がある場合には、これを負担しなければなりません。もちろん、キャンセルをした者は、キャンセル料を支払わなければならないので、グループ全体でみると、キャンセル料と1人部屋追加料金の二重の請求を受けることになります。

しかし、予定どおり2人で旅行に参加する場合より、キャンセル料と追加料金を支払うほうが高額になるのは、いかにも不当です。

2 1人部屋追加代金の徴収

募集型約款14条5項によれば、追加料金の支払いを求めるためには、あらかじめ「契約書面」にその旨を記載しておくことが必要です。

パンフレットに「2人部屋を1人で利用するときは、1人部屋追加代金が必要」との記載があれば、これをもって、募集型約款14条5項にいう「契約書面」の記載といえるのでしょうか。

契約書面とは、旅行業者から、旅行者に対して渡される「旅行日程、旅行サービスの内容、旅行代金その他の旅行条件及び当社〔旅行業者〕の責任に関する事項を記載した書面」（募集型約款9条1項）をいいます。契約書面は、旅行者へ交付することが旅行業者に義務付けられています（旅行業法12条の5第1項、募集型約款9条）。

そして、旅行業法施行要領（通達）の「第10　取引条件の説明、契約書面及び広告」の4項は、「法第12条の5の契約書面は、数種の書面（領収書、確定書面（最終日程表）等）によって要件を満たすことも認められる」としています。

したがって、パンフレットは、「契約書面」に当たるので、パンフレット

に前述のような記載をしておけば、旅行業者は、キャンセル料と1人部屋追加料金の両方の支払請求をすることができることになります。

3 消費者契約法9条・10条の適用

(1) 異常な経済的負担

パンフレットにキャンセル料と1人部屋追加料金の2点について記載されていれば、必ずパンフレット記載の金額を支払わなければならないのでしょうか。

旅行をキャンセルしたら、経済的負担は軽くなると考えるのが、通常でしょう。

しかし、ご質問の事例では、キャンセル料と1人部屋追加料金の合計額が、1人分の旅行代金の額よりも大きくなる異常事態が生じています。

(2) 消費者契約法9条の適用

消費者契約法9条は、解除に伴う平均的損害額（同種の消費者契約の解除に伴い当該事業者に生ずべき平均的な損害額）を超える損害賠償額の予定・違約金支払義務を消費者に負担させる条項は、当該超える部分につき無効としています。

2人部屋での宿泊を予定していた2人の旅行者のうち1人がキャンセルをすると、必然的に他方の旅行者には1人部屋追加料金が発生することになるのですから、この場合のキャンセル料の額は、1人部屋追加料金による損害の補填をあらかじめ織り込んだうえで決定されるべきです。

そして、旅行業者が1人部屋追加料金に意を払うことなく高額のキャンセル料を定めたときは、当該キャンセル料の支払いを定めた条項は、平均的損害額を超えるものとして超過部分につき無効であると解するべきです。

特に本件のように、キャンセル料と1人部屋追加料金の合計額が1人分の旅行代金の額よりも大きくなっている場合は、当該キャンセル料の額が旅行業者に生じる平均的損害を超えていることは明らかです。

したがって、旅行業者が収受できるキャンセル料と1人部屋追加料金の合計額は、1人分の旅行代金の額未満の平均的損害を超えない範囲で決定されなければならず、いくら高額になっても1人分の旅行代金が上限ということになります。既払いの旅行代金を超える金額の支払請求を拒むことができます。

(3) 消費者契約法10条の適用

消費者契約法10条は、消費者と事業者との間の情報量・交渉力の格差に鑑み、民法、商法その他の法律の公の秩序に関しない規定の適用による場合に比し、消費者の権利を制限し、または消費者の義務を加重する消費者契約の条項であって、民法1条2項に規定する基本原則に反して消費者の利益を一方的に害するものは無効としています。

本件で、旅行業者と旅行者2人のうち1人との1対1の契約関係をみた場合、1人部屋追加料金の請求に関する契約条項とキャンセル料に関する契約条項は、1人の旅行者に対して同時に適用されるわけではないので、いずれも直ちに不当とはいえません。

ところが、旅行業者対旅行者2人のグループという関係で見た場合、旅行に参加するよりキャンセルするほうが、旅行者側全体として旅行業者に支払う金額が大きくなるという異常事態が生じます。

消費者（旅行者）にとって、2つの条項の組み合わせにより、このような事態を招くことは、到底予測できないことです。

各旅行者と旅行業者の契約は、本来独立したものですが、本件で問題となっている旅行商品は、2人での参加を前提に企画された商品で、その契約条項や旅行代金もそれに従って設定されたものです。

キャンセル料、1人部屋追加料金に関する条項は、いずれの旅行者がキャンセルした場合にも問題となるもので、旅行者は、他の旅行者が参加することを前提とする旅行契約を締結しています。

このような事情に照らせば、消費者契約法10条の適用にあたっては、キャ

ンセル料と１人部屋追加料金の２つの事項に関する条項を別々に検討するのではなく、両条項をあわせて検討すべきです。

　本件では、両条項が存在することで、旅行者からすれば、キャンセルするほうが業者に対する支払金額が大きくなり、実質的に解除権の行使が制約されるのと同じで、キャンセルを申し出ないまま旅行に出かけるほうが経済的負担は少ないという異例な不利益が生じています。

　したがって、消費者契約法10条の適用により、１人部屋追加料金とキャンセル料を定める条項は無効であるというべきですから、既払いの旅行代金を超える金額の支払請求を拒むことができます。

4　説明義務違反

　なお、パンフレットからは追加料金の扱いがわかりにくく、そのうえ十分な説明もないなど、旅行者にとって、契約内容が十分に明らかにされず、契約上の権利・義務が明確に理解できないという場合が考えられます。

　このような説明義務違反の問題については、別途検討する必要があります。

　本件の場合、旅行業者は、キャンセルを申し出た旅行者に対し、キャンセルするとキャンセル料と１人部屋追加料金の合計額が１人分の旅行代金を超過するのでかえって不利であることを、事前に説明していません。

　しかし、突発的な事態にあたり、キャンセルをする際にどのような経費が必要かを旅行者があらかじめ詳細に把握していることは、ほとんどありえないと思われます。他方、旅行業者は、自らの作成した契約条項を熟知し、キャンセルの場合にどのような経費が発生するかを承知していたと考えられます。

　そうすると、ご質問のように、旅行者が旅行契約をキャンセルするか否かの選択肢を有している状況で、情報面で優位に立つ旅行業者は、信義則上、旅行者に対し、キャンセルをするとかえって経済的に不利益になるという事実を説明すべき義務を負っていたと考えられます。

ご質問の場合、旅行業者は、上記のような説明義務違反があるといえるので、少なくとも、キャンセル料と１人部屋追加料金の合計額21万円と、１人分の旅行代金20万円の差額である１万円について、支払請求を拒むことができるというべきです。

5　小　括

　したがって、上記３・４記載のとおり、本件では、キャンセル料と１人部屋追加料金の合計額21万円と１人分の旅行代金20万円の差額である１万円については、支払いを拒む（支払済みの場合は返還を求める）ことができます。

6　グループ申込みに対する配慮の不足

　旅行にあたり、家族・友人などの人的関係のある複数人がグループを形成し、当該グループに属する数人で１部屋を申し込むという態様で企画旅行契約を申し込むことは、よくあることです。

　このようなグループの中の１人が、病気等のため企画旅行契約をキャンセルした場合、グループ全体では旅行に参加する人員が減ったにもかかわらず、キャンセルした者に対してはキャンセル料を請求することだけでなく、１部屋を当初予定よりも少人数で使用することになった場合に、他の旅行者に対し、１人部屋追加料金などの増加費用を請求することも認め、結果として、グループ全体との関係では、キャンセルした者がいなかった場合と比べて、旅行代金を多く請求できるというのが現行の取扱いです。

　これは、契約関係を旅行者グループ対旅行業者とみた場合、旅行者側に不当な不利益を与えていると言わざるを得ません。

　ここまでに解説したとおり、消費者契約法９条・10条の適用、あるいは信義則上の説明義務違反による修正が可能であるとしても、現行の標準旅行業約款は、グループ申込みに対する配慮が足りないところがあると思われます。

コラム⑦　旅行積立の法的性質

　親しい友人同士 4 名が、定期的に海外旅行に行くための費用を積み立てることにし、そのうちAが代表となって、「○○会代表者A」名義で預金口座を開設し、その口座に各人が毎月一定額の振込みをして旅行費用を積み立てていました。Aは、不定期に口座残高について、他のメンバーに報告していました。

　ところが、Aの債権者が、「○○会代表者A」名義の預金を差し押さえて預金残高全額を取り立ててしまったのです。

　このような事案で、裁判所（東京地裁平成24年 6 月15日判決・判時2166号73頁）は、「○○会代表者A」名義の預金が信託財産であるとして、差押債権者に対して、Aに預金残高の 4 分の 3 を返還するように命じました。

　信託は、委託者が契約や遺言によって、受託者に対して財産を移転し、受託者は委託者が設定した信託目的に従って受益者のためにその財産（信託財産）の管理・処分などをする制度です。信託財産は、受託者名義となりますが、受託者は自由に処分することができず、信託目的に拘束され、その意味で受託者から独立した財産になります。受託者に対する個人的な債権者は、受託者自身の固有財産についての強制執行は可能ですが、信託財産に属する財産に対して強制執行をすることができません。

　本件の裁判例は、旅行資金の積立てという目的がはっきりしており、専用口座も開設され、固有財産との分別管理がなされて管理状況の報告もなされていたことから、積立合意にあたり「信託」という言葉が使われているわけではなかったものの、積立口座の残高を「信託財産」と認めたものです。

Q47 旅行業者にパスポートの内容を調査する責任はあるか

　私は、ある旅行業者の海外ツアーに参加するため、申込みをし、旅行契約を結びました。
(1)　ところが、航空会社のチェックイン手続で、パスポートの有効期限切れが判明し、搭乗を拒否され、旅行に参加できませんでした。
(2)　チェックイン手続で、パスポートの残存有効期間が足りないという理由で、搭乗を拒否され、旅行に参加できませんでした。
(3)　チェックイン手続で、航空券の名前のスペルがパスポートのスペルと違っていたことが判明し、どうしても参加するのならば、航空券のキャンセル料と再発券で費用がかかると言われました。

▶▶▶ Point
・募集型企画旅行契約を結んだだけならば、原則として、旅行者が自らの責任の下、パスポートの準備、航空券の氏名表記に注意を払うべきです。

1　パスポート

　パスポートとは、政府または権限ある国際機関が交付し、国外に渡航する者に国籍およびその他身分に関する事項に証明を与え、外国官憲に保護を依頼する公文書です。日本の法令上は、「旅券」と呼ばれています（旅券法参照）。

　ご質問の場合、(1)(2)ともに、空港において、航空会社のチェックイン手続をした段階で、有効期限切れまたは残存有

効期間不足が発見され、搭乗を拒否されています。

　これは、渡航先に乗り入れている航空会社が、渡航先政府からパスポートの有効期限等調査の委託を受け、搭乗手続の際に行っていることによるものです。

２　渡航手続代行契約とパスポート期限調査の責任 ──ご質問⑴について

(1) 原則

　ご質問のように、旅行に行く前にパスポートの有効期限が切れていたという場合は、当然、海外へ渡航することはできません。

　標準旅行業約款では、旅券および査証（ビザ）の取得について、独立に、「渡航手続代行契約の部」として、渡航手続代行契約を設けています。渡航手続代行契約とは、パスポートやビザなどの取得と内容確認、旅券の手配と内容確認などを旅行業者に完全に任せる契約です。

　募集型企画旅行契約（パックツアー契約）を締結しても、当然に渡航手続代行契約が成立するわけではありません。

　そうすると、募集型企画旅行契約（パックツアー契約）の債務内容には、パスポート等を取得するための渡航手続の代行は含まれていないことになります。

　したがって、募集型企画旅行契約を締結した旅行業者は、原則として、パスポートの有効期限の調査確認義務まで負うことはありません。

　それゆえ、旅行者は、渡航手続代行契約をしている場合を除き、旅券および査証の有効期限の確認も自らの責任で行うべきです。パスポートの有効期限切れによって旅行に行けなかったとしても、旅行業者に対する損害賠償請求はできません。

(2) パスポート情報を受領している場合の旅行業者の責任

　もっとも、旅行業者は、旅行者がきちんと旅行に行けるよう手配する義務

（手配債務）を負いますので、旅行業者は、旅行契約の申込みの際に、旅行者からパスポートの証明事項欄の写しの提出を求めたり、旅行の申込書にその発行年月日と有効期限の記入を求める場合がほとんどです。

　このような場合、旅行者としては、旅行を常時専門的に取り扱っている旅行業者がパスポートの有効期限切れの有無をチェックしてくれるものと信頼するのが当然であると思われます。

　そうであるとすれば、旅行業者が、旅行者からパスポートの写しの提出を得ている等、パスポートの有効期限調査を容易に行うことができる状況にあるときは、信義則上、旅行業者はそれらを調査する義務を負っているというべきですし、調査の結果、パスポートの有効性に問題があることが判明したときには、それを旅行者に告げる義務があるというべきです。

　また、たとえパスポートの有効性について旅行者が責任を負う旨の記載がある旅行条件書を旅行者との間で取り交わしていたとしても、旅行業者が、このような信義則上の義務を当然に免れることができるものではありません（消費者契約法10条）。

　以上より、旅行業者が旅行者からパスポートの写しの提出を受けており、容易に有効期限等を調査できる状況であったにもかかわらず、旅行者のパスポートの有効期限の調査を怠ったという事情があれば、旅行業者にも責任があるといえます。

　したがって、このような場合には、旅行者は、旅行業者に対し、旅行代金相当額の損害賠償請求をすることができると考えられます。ただし、過失相殺による減額がなされることになるでしょう。

3　パスポートの残存有効期間──ご質問(2)について

(1)　残存有効期間

　パスポートについては、海外旅行期間中に有効であることはもちろん必要ですが、それだけでなく残存有効期間を要求されることがあるので注意が必

要です。

　すなわち、多くの国が、入国の際に、パスポートの期限が切れるまで一定期間が残っていることを要求しており、その要求する期間は国によってまちまちです。

(2)　旅行業者の負う義務

　旅行期間中、パスポートが有効であるだけでなく、一定の残存有効期間が要求されるという情報は、多くの旅行者にとって、耳慣れない話であると思われます。

　海外旅行の場合、当該外国に入国できることが当然の前提ですから、旅行業者は、手配債務の一環として、入国に必要な条件がある場合、入国に関する公的機関等の提供する情報を入手したうえで、旅行者に対して提供・説明すべきです。

　そうであるとすれば、旅行業者は、旅行者が旅行契約の申込みをした際に、「○○国に入国するには、パスポートの有効期限の残存期間が○カ月以上ないと、場合によっては入国を拒否されることがあります」という入国に必要な情報を提供する義務があるというべきです。

　したがって、旅行業者が旅行者に対してこの情報提供義務を果たさなかったために当該旅行者が渡航できなかった場合、旅行者は、旅行業者に対し、相応の損害賠償を請求することができます。ただし、過失相殺による減額がなされることになるでしょう。

4　航空券のスペルとパスポートのスペルの確認義務
──ご質問(3)について

(1)　スペル間違いがあった場合の問題

　航空券の予約をするときは、名前がパスポートの表記と一致している必要があります。

　国際線で航空券の氏名表記に1文字でもスペルの間違いがある場合、飛行

機へは搭乗できず、発行済みの航空券の取消しと再発行（発行替え）が必要となります。

それでは、航空券のスペルが間違っている場合、旅行者は、再発行に必要な費用を負担しなければならないのでしょうか。

(2) 旅行業者の負う義務

旅行業者は、手配債務の履行として、パスポートの氏名表記と一致する氏名表記により国際線航空券を予約する注意義務があると考えられます。

ただし、その手配債務の履行方法としては、渡航手続代行契約を締結した場合と違って、パスポートと航空券とで氏名表記が異なったときは航空券の発行替えが必要という重要な情報を、旅行業者において、消費者に説明して注意を促すという程度で足りると考えられます。渡航手続代行契約を締結した場合ならば、旅行業者は航空券とパスポートの表記を確認する義務を負いますが、パックツアー契約を締結したにとどまる場合には、旅行業者が同等の確認義務を負担することはないからです。

旅行者は、旅行業者が上記情報提供義務を怠った結果、航空券の再発行を受けるために代金を支払った場合には、相応の損害賠償請求をすることができます。ただし、過失相殺の問題は残ります。

Q48 パック旅行中のショッピングをキャンセルした場合に追加料金の支払義務が発生するか

> パック旅行にはホテルへの送迎途中でのショッピングが組み込まれていましたが、自由時間を増やすために、旅行業者に対してそれらを放棄したいと申し出ました。しかし、旅行業者からは、「パック旅行に組み込まれているショッピングなどを放棄すると追加料金がかかります」と言われました。追加的なサービスを要求しているのではなく、単に放棄しているだけなのに追加料金がかかるのですか。

▶▶▶ Point
・旅行者にサービスの受領義務はなく、サービスの提供を受けなかったというだけでは、キャンセル料等の追加料金は発生しません。

1 ショッピングの強要の禁止

旅行業法によれば、旅行業者は、旅行者の保護に欠け、または旅行業の信用を失墜させる行為を行ってはならないとしています（同法13条3項4号）。そして、この行為の内容として、「旅行者に対し、旅行地において特定のサービスの提供を受けること又は特定の物品を購入することを強要する行為」が規定されています（施行規則37条の9第2号）。

さらに、旅行業法施行要領第15・1・4)によれば、この「強要する行為」の中には、「旅行地において旅行者の選択権（選択の自由）を奪うなど、旅行者の意思に反して特定の商品やサービスを事実上購入せざるを得ないような状況に置く行為」も含まれます。

したがって、本件のショッピング等がこのような特定のサービスに該当す

Q48 パック旅行中のショッピングをキャンセルした場合に追加料金の支払義務が発生するか

る場合には、その利用を強制されていることになり、それに従う義務はありません。また、ショッピング等を行う場で、一定の商品を購入することを強制される場合も、同様に、それに従う義務はありません。

もっとも、旅行サービスの一環として、旅行者の便宜のため単に土産物屋に案内する行為自体には、旅行業法施行要領第15の規定の適用はありません（第15・1・4)参照)。しかし、それもあくまで旅行者の便宜のためであって、旅行者に特定の場所でのショッピング等を強制することはできません。

2 団体行動上の指示

もっとも、募集型約款24条は、「旅行者は、旅行開始後旅行終了までの間において、団体で行動するときは、旅行を安全かつ円滑に実施するための当社の指示に従わなければなりません」と定めています。

通常、ショッピング等に参加せずに自由行動をすることが、直ちに旅行の安全や円滑な実施を害するとはいえないため、参加するよう指示されても従う義務はないでしょう。ただし、自由行動をすることが危険な地域もあり、そのような危険性が予期できる場合には、指示に従う義務があります。

なお、旅行業者がパッケージングして旅行を販売する理由はいくつかありますが、主なものは、ショッピングや観光、送迎を旅行者全員でまとめて行うことで、旅行代金を割安に設定することができる点にあるでしょう。旅行業者が割安な旅行代金を設定できるという点で、確かに旅行業者に経済的な合理性はありますが、だからといって、旅行者に対して特定の商品またはサービスの受領を義務付けてよいわけではありません。

以上のように、旅行者に対してショッピング等を強制することは認められ

ません。

3 追加料金の支払いの要否

上記のように、旅行者はショッピング等に参加する義務はないのですが、ショッピング等に参加しないからといって追加料金を支払わなければならないのでしょうか。

本件では、旅行者にはショッピング等に参加する義務が認められない以上、旅行者は、ショッピング等のサービスを放棄すればよいだけであり、旅行業者にショッピング等への参加を強制されることはありません。

したがって、旅行者がショッピング等に参加しないからといって、追加料金の請求をすることは認められません。

事項索引

《数字・英字》

ＡＤＲ　54
ＡＮＴＡ　41
ＣＣＪ　223
e-TBTマーク　100
ＪＡＴＡ　41
ＯＴＡガイドライン　99
ＳＤＲ　187

〈あ行〉

アフィリエイト　96
安全確保義務　33、161
安全・衛生情報　88
インターネット取引　90
ウェイティング　78
請負契約説　166
営業保証金　37、46
オーバーブッキング　6
おとり広告　106
オプショナルツアー　173

〈か行〉

カード付帯保険　203
海外ＯＴＡ　97
海外療養費支給制度　214
海外旅行傷害保険　194、200
確定書面　115
観光圏内限定旅行業者代理業　39
企画旅行　24
基準資産額　37
キャンセル料　63、85
行政処分　50
クレジットカードトラブル　218
計画性　27
刑事罰　51
携帯品　183
景品表示法　106
契約書面　113
契約責任者　73
権利能力なき社団　77

広告　104
告知義務　207
国民生活センター越境消費者センター　223
誇大広告　104

〈さ行〉

最終確認画面　101
最小催行人員　82
債務不履行　110
受注型企画旅行　24
準委任契約説　166
ショッピングの強要　236
全国旅行業協会　41
訴訟　53

〈た行〉

第１種旅行業　36
第２種旅行業　36
第３種旅行業　37
ダイナミックパッケージ　94
諾成契約　58
地域限定旅行業　37
チケット問題　146
チャージバック　220
調停　53
通信契約　93
定休日　69
手配義務　32
手配債務　32、120、154
手配旅行　26
手配旅行契約　74
天災地変　138
電子旅行取引信頼マーク　100
登録制度　35
特別補償　28
特別補償規程　178
特別補償制度　178
特別補償責任　33
特約　22
渡航先の安全・衛生情報　88

239

事項索引

渡航手続代行契約　232
取消料　64
取引条件説明書　60、113

〈な行〉

日本旅行業協会　41
燃油サーチャージ　87

〈は行〉

売買契約説　167
場貸しサイト　96
パスポート　231
パック旅行　24
パッケージツアー　24
パンフレット　110
標準旅行業約款　8、16
不実告知　107
フリープラン　151
平均的な損害　66
変更補償金　143
弁済業務保証金　47
包括料金制　27
募集型企画旅行　24
保証社員　47
ボンド保証金　48

〈ま行〉

無認可約款　16、18
メタサーチ　97
申込金　58
モントリオール条約　187

〈や行〉

約款　15
有利誤認表示　106
優良誤認表示　106
要物契約　59

〈ら行〉

旅行　23
旅行業　10、35
旅行業協会　40
旅行業者代理業　38
旅行業者の第一次的責任　165

旅行業登録制度　35
旅行業法　8、10
旅行業法施行規則　8
旅行業法施行要領　8
旅行業法施行令　8
旅行業務取扱管理者　11
旅行計画　25
旅行契約　23
　　──の内容変更　129
旅程管理義務　32
旅程管理債務　32、121、155
　　──の免除　151
旅程変更　129、137
旅程保証　124、142
旅程保証責任　33
ロストバゲッジ　186

240

《執筆者一覧（五十音順）》

上田　孝治	木野　祐子	富本　和路
植田　浩平	木村　裕介	仲谷　仁志
浦本　真希	近藤加奈子	八隅美佐子
片岡　昌樹	佐藤　進一	山根聡一郎
金﨑　正行	嶋田　麻以	葭岡　倫矢
北島健太郎	鈴木　尉久	吉田　哲也
北村　拓也	都竹　順一	渡辺　　弘

旅行のトラブル相談Q&A
〔Q&A旅行トラブル110番　改題〕

平成28年4月21日　第1刷発行

定価　本体2200円＋税

編　　者　兵庫県弁護士会消費者保護委員会

発　　行　株式会社民事法研究会

印　　刷　藤原印刷株式会社

発　行　所　株式会社　民事法研究会

〒151-0073　東京都渋谷区恵比寿3-7-16
〔営業〕TEL03(5798)7257　FAX03(5798)7258
〔編集〕TEL03(5798)7277　FAX03(5798)7278
http://www.minjiho.com/　　info@minjiho.com

落丁・乱丁はおとりかえいたします。ISBN978-4-86556-079-4 C2332　￥2200E
カバーデザイン　鈴木　弘
挿絵　杉本まりこ